LA
PSYCHOLOGIE
QUANTITATIVE

PAR

J.-J. VAN BIERVLIET

PROFESSEUR DE PSYCHOLOGIE EXPÉRIMENTALE A L'UNIVERSITÉ DE GAND

GAND	PARIS
IMPRIMERIE A. SIFFER	**FÉLIX ALCAN**
PLACE SAINT-BAVON	BOULEVARD SAINT GERMAIN, 108

—

1907

LA PSYCHOLOGIE QUANTITATIVE

PAR

J.-J. VAN BIERVLIET

PROFESSEUR DE PSYCHOLOGIE EXPÉRIMENTALE A L'UNIVERSITÉ DE GAND

Tous droits de traduction et de reproduction réservés.

GAND
IMPRIMERIE A. SIFFER
PLACE SAINT-BAVON

PARIS
FÉLIX ALCAN
BOULEVARD SAINT GERMAIN, 108

1907

Table des Matières.

INTRODUCTION

Une psychologie scientifique capable de servir de base à une pédagogie rationnelle doit poursuivre la détermination exacte, la mesure des facultés intellectuelles.

L'éducation ou mieux l'orthopédie de l'intelligence, de l'imagination, de la mémoire suppose la possibilité de mesurer avec précision la force de ces facultés avant et après les exercices d'entraînement ; de déterminer par là même la valeur formative réelle de chacun de ces exercices. A côté des questions d'intérêt théorique telles que la nature de l'intelligence, l'immatérialité ou la matérialité du moi, reléguées à jamais, selon toute apparence, dans le domaine de la métaphysique, il en est d'autres que la science positive peut et doit résoudre. De même que les physiciens ne se contentent pas de se demander « qu'est-ce que l'électricité ? », mais soumettant cet agent à des expériences multiples et variées apprennent à l'isoler et à le diriger, ainsi les psychologues, abandonnant aux penseurs le problème de la nature intime de la mémoire, notent les formes diverses qu'elle revêt chez les individus, observent les raisons qui la font varier, et s'occupent de dégager les causes qui assurent son développement. Toute science arrivée à un certain épanouissement s'appuie sur l'analyse qualitative d'abord, quantitative ensuite ; et c'est l'utilisation des données numériques qui assure les progrès rapides et définitifs.

L'histoire des sciences le démontre péremptoirement. Qu'était la chimie avant Lavoisier ? C'est l'introduction de la balance, de la méthode des pesées dans l'étude des corps qui ont fait de la chimie une science positive d'un si prodigieux développement.

Toutes les sciences, surtout celles qui étudient l'être vivant, ne sont pas susceptibles de se plier également aux méthodes de numération, et ce fut le tort grave de beaucoup de physiologistes d'avoir considéré l'homme comme une machine construite d'après une formule mathématique stéréotypée. Quand il s'agit d'êtres vivants, les chiffres n'ont jamais qu'une précision approximative, la valeur d'une moyenne. Ces moyennes n'en ont pas moins une importance capitale.

Les méthodes d'analyse quantitative difficilement applicables aux sciences biologiques en général, ont été introduites en psychologie, tardivement et non sans peine. Par leur nature même, les problèmes psychologiques semblaient devoir à jamais être soustraits à la mensuration. Ce n'est que lentement, par tâtonnements, après des échecs nombreux que l'on est arrivé, dans certains domaines du moins, à pouvoir mesurer d'une façon approximative mais suffisante la durée des phénomènes conscients et la force moyenne de certaines facultés. Depuis un demi-siècle environ, époque où l'on a commencé à entrevoir la possibilité de créer une véritable science psychologique, diverses tentatives ont été faites pour introduire la mesure dans l'étude des faits psychiques. La plus ancienne et dont le retentissement dure encore, est celle de la Psycho-physique fondée par le physicien Gustave-Théodore Fechner. Avec la confiance un peu naïve des sciences très jeunes, la psychophysique s'attaque d'emblée au problème le plus ardu de toute la psychologie : la mesure des rapports exacts entre l'esprit et la matière, entre l'âme et le corps. Préoccupée de résoudre une question métaphysique d'un intérêt purement théorique, la jeune science allait de l'avant, s'appuyant sur des connaissances biologiques plutôt rudimentaires, mais confiante dans la valeur de son instrument de recherche, un ensemble de méthodes minutieusement déterminées qui devaient semble-t-il donner les résultats les plus concordants.

Une seconde phase commence avec la création du premier laboratoire de psychologie physiologique, ouvert par M. Wundt à l'Université de Leipzig, il y a quelque trente ans. Docteur en médecine, physiologiste réputé, le fondateur de la psychophysiologie, dont les nombreux disciples sont disséminés dans divers pays, envisagea les phénomènes conscients non en physicien, mais en biologiste. Abandonnant, provisoirement du moins, les problèmes les plus élevés, M. Wundt tenta d'introduire la mesure dans les manifestations exté-rieures des phénomènes conscients. La durée des actes intellectuels notamment, fut soumise à des expériences nombreuses et rigoureusement conduites. Cependant, comme le nom de la science qu'il professe l'indique suffisamment, M. Wundt, bien que physiologiste, se soucie grandement du côté métaphysique des questions

qu'il traite ; il étudie par le dehors les phénomènes
révélés par l'introspection ; mais celle-ci en psychophysiologie a un rôle très important. L'œuvre de
M. Wundt continuée par ses disciples et imitateurs est
considérable. Un peu partout on vit surgir des
laboratoires montés à l'instar de celui de Leipzig,
outillés de même, et dirigés suivant les méthodes
préconisées par le maître.

En dehors et à côté de la psychophysiologie sortie
de l'Institut de M. Wundt, se forma sous diverses
influences une science un peu différente que j'appellerai
la psychologie expérimentale. Sans doute la psychophysique et la psychophysiologie sont-elles aussi des
sciences expérimentales, mais elles se distinguent de la
dernière forme qu'a revêtue la psychologie scientifique,
par leurs préoccupations philosophiques ; leur but
semble être de faire de la psychologie une science de
l'âme étudiée d'après les méthodes scientifiques, mais
néanmoins une science de l'âme. La psychologie expérimentale au contraire paraît se désintéresser de l'âme
et ramener les problèmes psychologiques au niveau
des problèmes physiologiques. La psychologie expérimentale ne veut pas comme la psychophysique et la
psychophysiologie remplacer la psychologie métaphysique du moi, mais s'établir indépendante à côté. Son but
pourrait se formuler ainsi : « Chercher dans l'organisme
la cause de toutes les différences entre les phénomènes
conscients ». Elle est née, cette psychologie, non sous
une influence personnelle unique, mais sur quatre points
différents du domaine biologique : en physiologie, en
pathologie, en pédagogie, et enfin en psychologie.

Les travaux de psychologie expérimentale sont nombreux; ils comprennent, entre autres, des analyses qualitatives et quantitatives et notamment les mesures faites sur de grandes masses de sujets dans le but purement pratique d'arriver à des applications immédiates utiles à la pédagogie.

La division que je viens de proposer n'est dans ma pensée ni exclusive, ni absolue; à côté des mouvements scientifiques que je viens d'esquisser, d'autres essais ont été faits pour renouveler l'étude de l'esprit, mais au point de vue spécial qui nous occupe, cette division rendra plus clair l'exposé des diverses tentatives entreprises pour créer une science quantitative des phénomènes psychiques. Ce serait un tort de croire que l'histoire des transformations de la psychologie scientifique se déroule régulièrement en trois phases distinctes, correspondant à trois périodes successives. La période psychophysique n'est pas encore close à l'heure qu'il est; la psychophysiologie n'en est qu'à ses débuts, la psychologie expérimentale enfin cherche encore sa voie; mais il me semble que les caractères propres de ces trois phases vont en se dégradant insensiblement. Il était naturel de commencer par envisager les problèmes psychiques en méthaphysicien préoccupé de donner aux questions qui le passionnent la clarté et la certitude obtenues dans les sciences naturelles. Cependant fatalement et inévitablement on devait arriver, comme dans toutes les sciences biologiques, à remettre à plus tard les questions méthaphysiques une fois de plus reconnues insolubles, pour se préoccuper uniquement des très nombreuses questions d'intérêt immédiat prochainement solubles ou du moins abordables par les méthodes scientifiques courantes.

Or, à mesure que la science psychique s'est désintéressée davantage des problèmes transcendants, elle est parvenue à serrer de plus près les causes qui différencient, diminuent ou accroissent les facultés de l'esprit. Les progrès de la psychologie quantitative sont inversement proportionnels au développement des préoccupations méthaphysiques de ceux qui la cultivent. Cela ne veut nullement dire que la mesure introduite dans la science psychique doive détruire les vérités de raison réduites à leur juste et exacte valeur. La spiritualité de l'âme notamment n'est pas mise en cause par les expérimentateurs, et le fait de mesurer, par l'écartement des pointes de l'esthésiomètre sur la peau du front, le degré de fatigue produit par un travail intellectuel déterminé, n'implique ni la matérialité de l'esprit, ni davantage son immatérialité. Mais quelle que soit la nature de l'esprit, nous constatons que le travail mental fatigue les sujets qui s'y livrent, nous mesurons cette fatigue, non pour en déduire des conclusions sur la nature de l'esprit, mais pour modifier dans les programmes la durée et l'ordre des leçons afin de réaliser le maximum d'effet avec le minimum d'efforts.

La psychologie expérimentale quantative a déjà donné des résultats importants ; elle en donnera encore de bien plus considérables, c'est à elle surtout qu'appartient l'avenir.

CHAPITRE PREMIER

LA PSYCHOPHYSIQUE

Il peut sembler superflu, voire téméraire, de refaire une étude sur la psychophysique après les remarquables exposés de Delbœuf et de M. Ribot, après l'histoire critique si complète de M. Foucault. Trois raisons me poussent à reprendre le sujet magistralement traité par ces auteurs : la première est qu'il est impossible de faire une étude d'ensemble sur la psychologie quantitative si l'on passe sous silence la première, la plus retentissante tentative faite pour introduire la mesure exacte dans la science de l'esprit.

Non seulement la psychophysique a précédé la psychophysiologie et la psychologie expérimentale, mais encore elle est l'élément générateur dont ces deux dernières formes sont plus ou moins dérivées. Il est impossible de comprendre les méthodes psychologiques si l'on ne les rattache à celles de la psychophysique ; M. Wundt et ses disciples ont transformé, perfectionné les procédés usités par Fechner, certains de leurs travaux ne sont que la continuation de ceux de Fechner (1). De même la psychologie expérimentale dans ses recherches les plus récentes, s'appuie en partie sur les méthodes psychophysiques et psychophysiologiques

------

(1) Travaux de M. J. Merkel par exemple.

à la fois. Partant il est indispensable pour faire un exposé systématique de l'évolution de la psychologie quantitative, de reprendre cette science à ses débuts.

Ensuite, si les savantes études parues sur la psychophysique ne laissent rien ignorer d'essentiel de ce mouvement scientifique ; en se plaçant à un autre point de vue que celui où se sont mis leurs auteurs, on peut considérer les efforts de Fechner et de ses disciples sous un jour différent et non moins intéressant. Delbœuf, mathématicien et expérimentateur, mais disciple et admirateur de Fechner, s'est attaché plutôt à sauver l'œuvre de son illustre contemporain, surtout en corrigeant et améliorant le côté mathématique de la science nouvelle. MM. Ribot et Foucault, se plaçant sur le terrain de l'histoire critique, ont résumé admirablement les expériences qui servirent de base aux doctrines Fechnériennes, exposé les lois auxquelles on aboutit, les formules que l'on proposa, narré les péripéties de la lutte entre partisans et adversaires de Fechner. M. Foucault dans son étude si complète accentue le côté critique, il tente jusqu'à un certain point de corriger la conception psychophysique. Son livre très documenté et très touffu donne l'histoire non seulement de la psychophysique de Fechner, mais encore de toutes les tentatives ultérieures, aussi bien de ceux qui ont voulu corriger la psychophysique que de ceux qui ont essayé d'en reconstruire une autre pour la remplacer.

Cependant, si dans ces travaux nous trouvons un exposé suffisant des méthodes dont s'est servi Fechner, en revanche, la technique même des recherches expérimentales, les détails des expériences, j'entends ces détails-là qui nous révèlent à nous, expérimentateurs, la valeur des travaux de laboratoire, ces détails, dis-je, sont nécessairement peu abondants. Et il semble bien que c'est encore de ces détails que se sont le moins souciés les contradicteurs très nombreux contemporains de Fechner, qui attaquèrent son œuvre. Sauf Hering, Helmholtz et quelques physiologistes de moindre importance qui refirent des expériences nouvelles mais ne montrèrent pas l'insuffisance de celles du maître, et le pourquoi de cette insuffisance, sauf ces quelques physiologistes, dis-je, ce sont surtout des mathématiciens et des logiciens qui attaquèrent le monument psychophysique.

Cependant, si ces expériences fondamentales avaient été parfaitement conduites, si les conclusions en avaient été assez nombreuses et suffisamment concordantes, pour justifier la loi de Fechner, aucun raisonnement n'eût prévalu contre la conséquence logique de faits certains. Que si la formule qu'on a déduite était simplement incorrecte, la critique des logiciens aurait eu tôt fait de la redresser. Bref, si les expériences fondamentales avaient été irréprochables et suffisantes, la psychophysique subsisterait ou plutôt les faits bien démontrés auraient prouvé à Fechner l'inexactitude de sa conception théorique et *a priori*.

La base expérimentale de la psychophysique est-elle sérieuse ?

C'est à ce point de vue spécial que j'entends me placer. Examiner avec les idées d'un expérimentateur de nos jours, les procédés spéciaux usités vers 1860.

Noter les défauts et les imperfections naturelles et inséparables d'ailleurs des débuts d'une science neuve, montrer les causes de ces imperfections.

Ceci me conduit à exposer la troisième raison qui m'a déterminé à reprendre l'étude de la psychophysique; à savoir l'intérêt qu'il y a à vérifier l'instrument dont on s'est servi, à n'importe quelle époque d'une science expérimentale, pour arriver à des conclusions considérées comme vérités pendant un certain temps. Ce qui fait que des hommes comme Weber et Fechner et même Delbœuf et d'autres plus rapprochés de nous, se sont contentés d'expériences que nous jugerions de nos jours tout à fait insuffisantes, c'est qu'ils concevaient l'être vivant, et en particulier l'être humain, comme une sorte d'appareil de physique; qu'ils se persuadaient volontiers — et le nombre restreint de leurs expériences ne pouvait pas les détromper — que ce qui est vrai pour un sujet donné l'est également pour la généralité des autres. A l'époque où ils travaillaient, et encore beaucoup plus tard, l'homme apparaissait comme la réalisation d'un type construit selon une formule presque mathématique. Depuis, grâce surtout à Darwin et aux idées des évolutionnistes, tout individu se conçoit comme le produit spécial d'innombrables influences. Aucun sujet n'est exactement pareil à aucun autre sujet. La conséquence directe de cette conception plus juste de la nature humaine a modifié de fond en comble la technique des expériences psychologiques. Nous le démontrerons au cours de cette étude.

Et maintenant que j'ai exposé les motifs qui excuseront mon ingression dans un domaine qui semblait parfaitement connu, et sur lequel tout a été dit, j'aborde l'étude de la psychophysique par un exposé général que je ferai aussi succinct que possible.

La science que Fechner rêva de constituer est celle des rapports exacts entre l'âme et le corps, l'esprit et la matière. Cette question qui, comme je l'ai dit plus haut, sera vraisemblablement toujours reléguée dans le domaine de la méthaphysique et qui, par sa nature même, est bien la dernière dont se préoccuperait un expérimentateur de nos jours, fut précisément celle à laquelle Gustave-Théodore Fechner s'attaqua avec tout l'enthousiasme d'un novateur qui n'a point encore exploré le terrain sur lequel il s'engage. D'où lui était venue la première idée de la science nouvelle?

Se basant sur une loi bien connue en acoustique et admise depuis l'antiquité, rapprochant de cette donnée certaines conclusions auxquelles était arrivé H.-E. Weber en mesurant le minimum de différence perceptible dans les sensations de pression et les estimations de longueurs, Fechner crut avoir découvert une loi générale qu'il entreprit de démontrer.

On admet que, quelle que soit la hauteur de deux tons qui vibrent ensemble ou successivement, l'oreille perçoit toujours la même différence entre ces deux tons, que ceux-ci résultent d'un petit nombre ou d'un grand nombre de vibrations. L'oreille exercée ou affinée perçoit des différences plus faibles jusqu'à, paraît-il, $\frac{1}{64}$ de ton, l'oreille moins délicate et moins entraînée ne saisit que des différences de $\frac{1}{4}$, voire $\frac{1}{2}$ ton.

Supposons deux cordes, l'une de longueur constante donnant 300 vibrations doubles à la seconde, la deuxième de longueur variable. Si on allonge celle-ci de façon qu'elle donne 290 vibrations doubles à la seconde, Pierre percevra nettement la différence entre les deux sons de 300 et de 290 vibrations. Pour que Paul perçoive une différence, il faudra allonger la deuxième corde jusqu'à ce qu'elle donne 280 vibrations. Alors si on choisit une corde semblable deux fois moins longue donnant 600 vibrations, pour que Pierre entende nettement une différence de ton, il faudra faire donner à la deuxième corde 290×2 soit 580 vibrations, et pour que Paul perçoive une différence, produire 280×2 ou 560 vibrations. Pour Pierre le rapport entre les nombres des vibrations perceptibles est de $\frac{1}{30}$ de la corde donnant le plus de vibrations, pour Paul ce rapport est de $\frac{2}{30}$. Ce rapport est *constant*, le même pour toutes les hauteurs de tons.

Or, d'après les expériences de Weber, — nous verrons plus loin quelle est leur valeur probante — lorsque nous pesons ou soupesons des poids, nous percevons des différences plus ou moins légères d'après notre degré de sensibilité nerveuse. Mais si un sujet donné perçoit une différence lorsque à 1 kilo on lui fait comparer 950 grammes, par exemple, ce même sujet ne percevra jamais de différence, que lorsque les poids à comparer entre eux différeront en réalité d'une quantité proportionnelle, c'est-à-dire de $\frac{50}{1000}$ ou $\frac{1}{20}$.

Ainsi on lui posera sur la main ou sur les mains, un poids de 500 grammes, il déclarera plus léger, non 490 grammes ni 480 grammes mais seulement 475 grammes, poids qui diffère de 500 grammes comme 950 grammes diffèrent de 1 kilo. Dans l'une comme dans l'autre expérience la sensation de différence n'apparaît que lorsque le même rapport, $\frac{1}{20}$ dans le cas présent, existe entre les deux termes de comparaison, entre les deux poids à estimer. De ce que la différence de poids nécessaire pour produire la sensation d'inégalité demeure toujours proportionnellement la même fraction du poids le plus fort ou le plus faible, découle cette conclusion inattendue que nous distinguons avec la même netteté les différences entre les stimulations faibles et les stimulations fortes.

Nous distinguons 10 grammes de $9\frac{1}{2}$ grammes aussi bien que 1000 grammes ou 1 kilo de 950 grammes, que 10 kilos de $9\frac{1}{2}$ kilos. Il résulterait de ceci qu'un homme assez fort pour soulever 100 kilos, distinguerait de ce premier poids un second qui pèserait 5 kilos de moins et cela exactement aussi bien qu'il discernerait 10 grammes de $9\frac{1}{2}$ grammes, voir 1 gramme de 0,95 gramme.

Hâtons-nous de dire que dès les premières expériences on a été obligé de constater que la proportion soi-disant constante ne l'était plus quand on opérait avec des poids très lourds ou très légers, partant qu'elle ne se vérifiait que dans certaines limites, et pour les stimulations d'intensité moyenne. Cette correction inévitable enlève en fait toute valeur réelle à la loi exprimant les rapports entre l'esprit et la matière.

Weber avait encore observé que dans la perception des longueurs, il existe une constante analogue à celle que l'on constate dans l'appréciation des poids. Un sujet comparant entre elles deux lignes de longueur différente, perçoit leur inégalité lorsque celle-ci est de au moins $\frac{1}{30}$ de la ligne la plus courte. Un autre ne constate de différence que si la ligne la plus longue mesure en plus $\frac{1}{50}$ de la précédente. Les hommes, dit Weber, se divisent en deux catégories, les uns percevant les différences de longueur égale à $\frac{1}{30}$, les autres égales à $\frac{1}{50}$, de la longueur la plus petite. Or, ces deux catégories de sujets perçoivent toujours partout les mêmes différences de $\frac{1}{30}$ ou de $\frac{1}{50}$ que les lignes à comparer soient de plusieurs mètres ou de quelques décimètres ou seulement de quelques centimètres. Prise à la lettre cette loi exprime que nous percevons la différence entre 30 mètres et 29 mètres aussi bien et pas mieux que le rapport entre 30 et 29 centimètres, entre 30 et 29 millimètres, entre 0,30 mm. et 0,29 mm. !

Rapprochant ces données d'autres conclusions recueillies par divers observateurs, Fechner raisonna à peu près comme suit : Dans la nature physique, les effets sont directement proportionnés aux causes. Une quantité de chaleur donnée vaporise un centimètre cube d'eau, il faut, toutes choses égales d'ailleurs, pour vaporiser deux centimètres cubes d'eau, une quantité de chaleur exactement double; et il y en va ainsi pour toutes les lois physiques. Or, on constate que dans le domaine des sensations cette proportion simple, directe, entre les effets et les causes n'existe pas; pour produire une sensation de poids double de celle que l'on obtient en soulevant 1 kilo, il faut soupeser non pas 2 kilos, mais en outre un certain nombre de grammes, 50 par exemple. Partant, deux causes différentes produisent les mêmes effets; car, un poids de 1000 grammes et un poids de 980 grammes sont perçus comme semblables. En outre, si on admet que la différence entre des stimulations données et d'autres qui en diffèrent tout juste assez pour être perçues, que cette différence, dis-je, est la même quelle que soit l'intensité réelle absolue des deux sensations à comparer, on voit que l'esprit ou la conscience semble faire abstraction des stimulations elles-mêmes pour saisir avant tout la différence d'intensité qui existe entre elles.

Cette façon spéciale d'être affectée par les forces extérieures est le caractère propre de l'âme. Elle perçoit les impressions en les réduisant d'une certaine manière, elle compare des rapports, et il se trouve que, comme nous l'expliquerons plus loin, si on suppose une série de stimulations croissant, de manière que la suivante soit toujours deux fois aussi forte que la précédente, les sensations qu'elles déterminent ne semblent pas chacune deux fois aussi intense que la précédente; le rapport entre les accroissements successifs demeure le même, mais n'est pas 2, il est plus faible : « Si, par exemple, une sensation d'une valeur égale à 4 produite par une excitation égale à 27, exige pour

devenir égale à 5, que l'excitation 27 croisse de 9,
c'est-à-dire du tiers, et devienne 36, il sera nécessaire
pour qu'elle reçoive un nouvel accroissement égal et
devienne 6, que l'excitation 36 croisse encore du tiers,
c'est-à-dire, cette fois-ci, de 12, et deviennent 48, et en
continuant, pour que la sensation devienne 7, l'excitation
nouvelle devra être $48 + 48/3 = 64$ et ainsi de suite (1) ».
Les sensations sont exprimées par 4, 5, 6, 7, et les
stimulations par 27, 36, 48 et 64. Si les stimulations
s'accroissent comme 1, 2, 4, 8, etc., les sensations elles
ne s'intensifient que comme 0, 1, 2, 3, 4 donc croissent
comme le logarithme des stimulations. Voilà la grande
loi logarithmique exprimant le rapport entre le monde
extérieur et le domaine conscient ; les impressions du
dehors parvenues dans la conscience y sont réduites à
leur logarithme.

L'être conscient plongé dans le monde matériel
est impressionné par un nombre immense de modifications incessantes du milieu ambiant : les variations de
clarté et de couleur impressionnent ses nerfs optiques,
les sons modifient ses nerfs acoustiques, les odeurs et
les saveurs les sens de l'olfaction et du goût, etc.
Toutes ces modifications, tous ces mouvements si
divers de nature et d'intensité se convertissent dans
l'organisme en courants nerveux égaux de vitesse, ou
à peu près, mais tous d'une certaine allure différente
puisqu'ils sont la suite, la conversion de mouvements
extérieurs différents. Tous ces courants nerveux, s'ils

---

(1) J. Delbœuf, *Examen critique de la loi psychophysique*, Paris,
Germer Baillière, 1883, p. 4.

arrivent à l'écorce cérébrale avec un minimum d'intensité et de durée, deviennent des images cérébrales des sensations conscientes, avant de redescendre contracter les muscles pour rentrer par cette voie dans le milieu ambiant d'où ils sont sortis. Rien ne peut nous faire croire que les lois de la proportionnalité des effets aux causes ne se réalise pas dans les courants nerveux sensitifs ou moteurs, ni dans la contraction finale des muscles : cependant au niveau de l'écorce cérébrale, là où ces modifications deviennent conscientes, il y a une brusque déperdition, un manque, toujours le même, de proportions entre la force de la modification et l'impression qu'elle produit sur le moi conscient ; c'est, dit Fechner, parce que là intervient l'esprit, il saisit le mouvement en le traduisant en « rouge, vert, chaud, sucré, etc. » et en même temps en réduisant son intensité suivant la loi logarithmique. Pourquoi cette réduction n'est-elle plus la même quand il s'agit de stimulations très faibles ou très fortes ; l'esprit alors change-t-il de procédé et pourquoi ? C'est ce que Fechner ni personne n'a jamais expliqué. Sans discuter ici la valeur de l'interprétation de Fechner, je ferai cependant observer qu'elle apparaît d'emblée hâtive et superficielle. L'illustre psychophysicien semble considérer la sensation comme une chose relativement simple. Sans doute la sensation « rouge, bleu, chaud, etc. » terminus immédiat dans la conscience d'un certain courant nerveux sensitif, est relativement simple. Mais lorsque les sujets sur lesquels Fechner expérimente, comparent entre elles des sensations de poids par exemple, ils se livrent à des opérations intellectuelles infiniment compliquées. Un enfant nouveau-né, voyant depuis quelques jours à peine, compare peut-être simplement une lumière rouge à une autre qui est bleue, mais un homme fait dont la conscience est saturée d'images et de souvenirs innombrables, n'est plus du tout dans le même cas. Il reçoit les stimulations à comparer dans un récepteur non pas vide, mais encombré d'autres stimulations antérieurement perçues auxquelles inévitablement il compare les stimulations nouvelles. Et ce n'est là qu'une des causes qui déforment et compliquent nos sensations. En réalité, ce que nous comparons quand nous nous soumettons à des expériences sur les sensations, ce ne sont pas, comme le remarque excellemment d'ailleurs M. Foucault, des sensations pures, mais bien plutôt des amalgames de sensations, regardés sous un certain angle; ce sont des perceptions. Pour ramener la loi logarithmique à son expression la plus exacte, il faudrait donc dire : les conceptions ou les notions que l'homme se fait des stimulations qui modifient ses nerfs sont réduites comme intensité au logarithme de l'intensité de ses stimulations elles-mêmes.

Un autre reproche que l'on peut adresser à Fechner, dans ce même ordre d'idées, c'est d'avoir posé, semble-t-il, comme une vérité, que si la sensation n'est pas mesurable directement, elle peut cependant être exprimée par une certaine grandeur, rendue elle-même par un certain chiffre. Si le poids de 1 kilo est déclaré la moitié d'un autre poids de 2 kilos 50 grammes, par exemple, cela doit s'expliquer comme suit: le sujet sentant sur sa main tendue une première pression, en

éprouve une certaine impression, celle-ci produit une
sensation de pesanteur dont le sujet prend conscience ;
cette sensation, appelons-la sensation 1. Lorsque ensuite
on lui pose sur la même main, un poids de 2 kilos, plus
le nombre de grammes additionnels nécessaires pour
qu'il estime, lui, le poids nouveau double du précédent,
il éprouve une seconde impression, laquelle à son tour
produit une sensation de poids que nous appellerons la
sensation 2. Il semble donc que, d'après Fechner, le
sujet exprime le rapport existant entre ces deux sensations 1 et 2 ; que partant il compare dans la conscience
ces deux sensations entre elles, et juge que la seconde
est double de la première. C'est là une interprétation que
les faits ne justifient en aucune façon.

Un sujet comparant deux poids inégalement lourds,
ne dit pas : « le second me produit une impression deux
fois aussi forte que celle que m'a produite le premier » ;
il affirme que le deuxième stimulant, l'objet extérieur
dont il apprécie l'effet, est deux fois aussi intense que le
premier. L'intensité d'une sensation ne s'entend pas du
tout dans le même sens que la force d'une stimulation.
Comparer ces deux termes c'est faire, *a priori*, une
étrange confusion. L'intensité des sensations dépend de
causes diverses, entre autres de la qualité des stimulants,
certaines odeurs même faibles produisent une impression très grande sur certaines personnes ; cette intensité
dépend du caractère, de l'éducation, du tempérament,
des dispositions du moment, etc.

Pour ne pas dépasser les prémisses, il faudrait
formuler la loi psychophysique à peu près en ces
termes : Quand un sujet compare entre elles les

impressions que font sur lui des séries de stimulations qui vont en augmentant suivant une progression géométrique, il déclare qu'il lui semble que ces stimulations ne s'accroissent pas aussi rapidement, mais seulement suivant une progression arithmétique.

Fechner ne l'a pas entendu ainsi; pour lui la sensation est une certaine quantité, qui croît en même temps, mais moins vite que la stimulation qui la provoque.

Je disais tout à l'heure que les stimulations cheminant le long des nerfs sensitifs sont, quand elles arrivent à l'écorce cérébrale, traduites et réduites dans la conscience. Fechner s'est posé la question de savoir où et à quel moment de leur passage à travers l'être sensible, les stimulations sensitives se réduisent au logarithme? Est-ce dans les nerfs sensitifs, est-ce dans la conscience, ou mieux est-ce dans le système nerveux, dans le corps, est-ce dans l'esprit, dans l'âme? Fechner a imaginé un élément intermédiaire entre l'excitation et la sensation, cet élément, c'est le mouvement psycho-physique.

L'excitation provoque des mouvements psycho-physiques, et ceux-ci produisent des sensations. Les dernières dépendent bien, il est vrai, des excitations elles-mêmes, mais indirectement. Si une lumière de longueur d'onde de 0,0007517^{mm} produit une sensation que nous percevons et nommons le rouge, ce n'est pas parce que le courant nerveux, suite de cette vibration spéciale aboutissant à la conscience, s'y convertit directement en une sensation de couleur, c'est parce que l'excitation produite par ce mouvement vibratoire, détermine quelque part dans le système nerveux un certain mouvement psychophysique, lequel à son tour produit dans la conscience la sensation de rouge.

La psychophysique se divise en psychophysique externe et en psychophysique interne. La première étudie les rapports existant entre le monde physique et l'esprit, ou plus spécialement les rapports qui relient la sensation, phénomène conscient à l'excitation, phénomène extérieur. La psychophysique interne a pour objet l'étude des rapports entre la conscience et cet élément dont je parlais tantôt, le mouvement psychophysique ou la modification organique de nature physiologique qui produit directement la sensation. Fechner considérait cette seconde science comme de loin plus importante que la psychophysique externe, cette dernière ne devait, dans son idée, que préparer l'étude de la psychophysique interne. Mais les rapports entre la conscience et les modifications physiologiques qui l'éveillent sont, on le conçoit sans peine, malaisés à définir, plus malaisés encore à mesurer exactement. Au contraire les rapports qui relient la sensation à l'excitation sont accessibles par leurs deux bouts, mesurables par l'un. On peut mesurer l'excitation sensorielle ou mieux, ce qui la provoque : le stimulant des nerfs sensitifs.

Confondant les sensations pures, *terminus* des courants nerveux sensitifs avec les sensations complexes que nous percevons et comparons dans la conscience, Fechner croyait que l'impression consciente produite par la lumière de 10 bougies, est sentie comme une quantité, laquelle comparée à celle que provoque la lumière de 21 bougies paraît la moitié de la sensation produite par cette dernière. Or, si l'on ne peut directement mesurer les sensations elles-mêmes, ni les exprimer en quantité de sensations (ce qu'il faudrait pour les mesurer directement), on peut, prenant comme unité l'intensité d'une sensation visuelle produite par 10 bougies, mesurer extérieurement en bougies les sensations que le sujet considère comme étant d'intensité double, triple, etc.

En admettant ces modifications à la conception fondamentale, point de départ des travaux de Fechner, on devrait poser comme suit la question qu'il s'est efforcé de résoudre: Le rapport entre les excitations qui stimulent les nerfs sensitifs, et les sensations qui nous font estimer la valeur de ces excitations, est-il pour toutes sortes de sensations et chez tous les hommes de telle nature que nous rangions suivant l'ordre d'une progression arithmétique, les stimulations qui en réalité croissent suivant une progression géométrique?

Remarquons que le problème ainsi posé, s'il ne résout plus la question des rapports exacts entre l'âme et le corps, est néanmoins d'une portée immense et d'un intérêt capital. De sa solution découlerait la loi fondamentale de toute sensation : la nécessité de faire croître progressivement les stimulations, et cela de quantités strictement déterminées, pour produire des effets correspondants fixes et certains.

Cette loi, la psychophysique l'a-t-elle établie? Elle l'a tenté, même à plusieurs reprises, avec une persévérance, je dirais volontiers un acharnement qu'il faut admirer. Si les premiers efforts n'ont abouti qu'à élever un monument caduc, des tentatives ultérieures ont surgi nombreuses pour replâtrer, voire même reconstruire à nouveau la « tour » que Fechner croyait avoir érigée. L'histoire de ce mouvement scientifique, intéressant à tant de points de vue, se divise naturellement en trois périodes. C'est d'abord la fondation même de la science nouvelle par le physicien de Leipzig. Me plaçant surtout au point de vue expérimental, je résumerai les travaux des prédécesseurs de Fechner, ceux surtout de E.-H. Weber que Fechner considère comme un précurseur. Nous verrons comment certaines expériences presque accessoires dans l'œuvre de Weber, furent le fondement de la science nouvelle : comment Fechner, préoccupé de trouver des confirmations aux conclusions de Weber, recueillit des observations éparses concernant la sensibilité de l'œil à la lumière et chez les astronomes et chez les physiciens, se basa même sur des notions approximatives comme celle de la fortune morale. J'exposerai en détail les travaux expérimentaux qu'il entreprit pour vérifier lui-même son hypothèse scientifique, et les méthodes qu'il élabora pour en faire un instrument de travail précis et affilé. Enfin j'indiquerai les grandes lignes du mouvement psychophysique, tel qu'il sortit de ses travaux expérimentaux et des calculs auxquels ceux-ci servirent de base.

La deuxième phase de l'histoire de la psychophysique est remplie par les discussions passionnées entre Fechner et ses partisans d'une part, ses adversaires, surtout E. Hering et ses disciples d'autre part. Fechner tint tête à tous les assauts, ne céda rien de ses idées fondamentales, ou guère, et se coucha dans sa gloire,

convaincu que le monument qu'il avait élevé résisterait
à toutes les attaques de ses adversaires.

La dernière période de l'histoire de la psychophysique est plus calme que la précédente: la passionnée
querelle s'est épuisée, on a senti que telle qu'elle
apparaissait au début la psychophysique est en contradiction avec les idées scientifiques et les découvertes
plus récentes. D'aucuns se sont demandé si on ne
pouvait pas concilier la loi de Weber avec les faits
observés, en modifiant les formules de certaines façons,
et des corrections ingénieuses ont été proposées afin de
soutenir le monument menaçant ruine. D'autres savants
plus indépendants ont cru à la possibilité de résoudre
malgré tout le problème abordé par Fechner, et tenté
de reconstruire de toutes pièces une psychophysique
nouvelle, en rapport avec les progrès de la science
psychologique.

Je vais passer en revue ces trois périodes de la
psychophysique non en détail, il faudrait un volume
pour en donner un résumé complet; je ne citerai pas
même tous les travaux marquants, mais je choisirai un
certain nombre de recherches prises dans les diverses
périodes avec le souci tout particulier de noter la façon
de travailler des auteurs que je citerai, de dégager la
valeur que par là même possèdent leurs conclusions et
le pourquoi naturel et profond de l'inanité de cet immense effort entrepris dans le but de démontrer une loi
insoutenable, qu'un psychologue doublé d'un biologiste
n'aurait jamais formulée. On verra comment ce mouvement, qui ne pouvait donner aucun résultat positif direct
pour résoudre la question posée par Fechner, a servi

indirectement à provoquer des recherches ultérieures fécondes, à créer et à aiguiser des instruments de travail pour l'avenir.

§ I. — *Fondation de la psychophysique.*

La base expérimentale sur laquelle Fechner éleva la science exacte des rapports entre la matière et l'esprit est triple: les travaux de E.-H. Weber et la loi que l'on en crut pouvoir déduire; les observations et les recherches éparses recueillies dans les ouvrages de savants qui n'étaient ni psychologues ni mêmes physiologistes; enfin les recherches systématiques de Fechner lui-même.

I. *Les recherches de E.-H. Weber.* — E.-H. Weber a résumé ses expériences sur la sensibilité tactile d'abord dans une série de discours ou mieux de lectures (1) faites dans l'auditoire de l'Université de Leipzig au cours des années 1830, 1831 et 1832; puis dans des articles du *Dictionnaire de Physiologie* de Wagner (2).

Les expériences concernant le toucher sont de loin les plus nombreuses et les plus importantes. Il y a consacré un temps considérable, et si le nombre des sujets qu'il a examinés est relativement restreint, il semble qu'il ait eu le souci constant d'opérer avec précision et exactitude. Ce qui me porte à juger ainsi, c'est la complaisance avec laquelle il s'étend sur les précautions à prendre pour éviter les erreurs résultant d'un manque d'égalité dans la technique opératoire.

---

(1) Annotationes anatomicæ et physiologicæ, de pulsu, resorptione, auditu, et *surtout* tactu, Lipsiæ, 1830-1832

(2) Tast und Gemeingefühl, *Wagner's Handswörerbüch der Physiologie*, t. III, partie II, 1846.

Ses travaux ont porté avant tout sur le sens du toucher, or, ce sens, dit-il dans le prolégomène XI (1), nous renseigne sur quatre manières d'être des corps; il nous révèle :

1° La force de résistance que les corps opposent à la pression de nos organes.

2° La forme des corps et l'espace qui s'étend entre eux.

3° La force avec laquelle les corps compriment nos organes et en particulier, d'abord leur poids.

4° Enfin la température des corps ou chauds ou froids.

Au moyen d'un compas de fer dont les pointes étaient recouvertes de petits morceaux de liège, afin de produire sur les téguments des contacts sans douleur, Weber explora systématiquement la peau et les muqueuses attenantes à la peau (comme celle des lèvres et de la langue) par tout l'organisme et constata que la finesse du toucher, c'est-à-dire la sensibilité suffisante pour discerner deux contacts distincts, est à son maximum sur la pointe de la langue, les bords des lèvres et la face palmaire des dernières phalanges des doigts, qu'elle diminue sur chaque membre à partir de l'extrémité terminale à mesure que l'on se rapproche du tronc, qu'elle est très faible sur le dos, etc. Il a remarqué que les deux pointes du compas sont plus distinctement perçues si on les place sur le tégument successivement au lieu de le faire simultanément; que lorsque le sujet

---

(1) De subtilitate tacti in cognoscendo corporum pondere.

remue le doigt sur lequel on pose l'esthésiomètre, il sent plus vite le double contact; et que d'une manière générale (1) le mouvement des organes du toucher augmente de beaucoup leur finesse.

Weber a dressé de nombreux tableaux de chiffres exprimant la sensibilité tactile des téguments des diverses régions du corps. Une partie de ces tableaux figurent encore aujourd'hui dans la plupart de nos manuels de physiologie. Ils nous apprennent que pour sentir un contact double il suffit d'écarter les pointes de 1 mm. sur le bout de langue, 2 mm. sur la face palmaire des phalangettes, etc.

La reproduction de ces tables dans nos manuels est un vestige des anciennes conceptions biologiques. Elle nous reporte au temps où on considérait les êtres humains comme des machines toutes semblables entre elles, également modifiées par les mêmes causes extérieures. Pas plus que le pouls n'a invariablement 72 battements chez tout sujet normal, la sensibilité tactile n'est exprimable par les mêmes chiffres chez des sujets différents. On ne dit plus aujourd'hui que le cœur doit battre 72 fois par minute sous peine d'irrégularité; on sait combien il existe de variations individuelles.

J'ai pour ma part, au laboratoire de Gand, parmi les 350 à 400 sujets que j'ai examinés, constaté des différences parfois énormes dans le nombre des pulsations; l'un de mes sujets, que j'ai observé pendant deux

---

(1) *Prolégomènes*, p. 5.

ans, avait habituellement de 100 à 110, voire même 120 pulsations et cela sans présenter aucun symptôme de fièvre; un autre, d'un tempérament particulièrement vif, n'avait généralement que 57 à 58 pulsations. Il en est pour la sensibilité tactile comme pour le pouls; j'ai exploré le sens du toucher chez plus de 200 sujets, j'ai trouvé des différences considérables. Certaines causes modifient d'ailleurs cette sensibilité et cela plus ou moins rapidement, c'est ainsi que l'exercice a une influence considérable. La sensibilité s'accroît visiblement après deux ou trois séances de mensurations.

Quoi qu'il en soit de la valeur réelle des chiffres donnés par E.-H. Weber pour exprimer la mesure de la sensibilité au toucher dans les diverses régions de la peau, on peut admettre que ces expériences ont été faites avec soin et patience.

Tout autres nous apparaissent ses recherches sur la sensibilité à la pesanteur et c'est précisément sur ces dernières que Fechner a cru pouvoir prendre un solide point d'appui.

C'est dans le prolégomène XI, déjà cité, que Weber nous expose ses premières recherches, sur la sensibilité à la pesanteur. Il a exploré cette sensibilité dans les diverses régions de la peau. Il conclut que les lèvres sont la partie du corps la plus sensible à la pesanteur, puis la peau qui recouvre les phalangettes des mains et des pieds, etc. (1).

Il a observé qu'un même poids paraît plus lourd

____

(1) *Prolégomène* XI, p. 5.

quand on le soupèse du côté gauche et donne de ce
fait une explication subtile et complètement fausse
d'ailleurs.

L'observation la plus intéressante que lui inspirent
ses expériences est sans contredit la suivante : le
toucher nous renseigne sur le poids des objets, mais
bien mieux que lui, le sens musculaire qu'il appelle
tout au long « sensus musculorum ». En effet, observe
Weber, si la main étant posée à plat sur une table,
vous déposez sur sa face palmaire un premier poids de
1 kilo, il faudra un deuxième poids sensiblement plus
fort, pour que le sujet perçoive une différence entre le
second et le premier. Que si au contraire le sujet tient
les mains pendantes, et soupèse plusieurs fois le poids
initial et le poids qu'il y faut comparer, il percevra des
différences beaucoup plus faibles.

Ici se place un tableau résumant les expériences
faites sur dix sujets différents.

L'expérimentateur a choisi un poids initial de
2 livres et pour plus d'exactitude a réduit ces livres en
onces. Le poids étalon est donc de 32 onces. On a
recherché de combien devait être réduit ce poids étalon
pour que le sujet s'en aperçoive.

Les expériences ont été faites de deux façons :
d'abord les mains étant posées sur une table, puis le
sujet soupesant. Weber explique comment il a procédé :
les poids étaient placés sur les deux mains des sujets
et entre les onces et la peau de la main était interposée
une feuille de papier. Après avoir fait peser d'abord
deux poids égaux, on diminuait progressivement l'un
des deux, sans que le sujet pût voir les changements

effectués; on déplaçait les poids, posant le plus léger tantôt dans la main droite, tantôt dans la main gauche, etc.

Voici le résultat de ces expériences.

Pour chaque sujet la lettre a indique les pesées faites par le toucher seul, la main étant posée à plat sur une table ; la lettre b indique les expériences où le sens musculaire intervenait à son tour.

NUMÉROS DE L'EXPÉRIENCE	DIFFÉRENCE EN ONCES PERÇUES QUAND LES POIDS SONT PLACÉS SUR LES DEUX MAINS		NOMBRE D'ONCES NON PERÇUES
1. — a	32 onces	26 onces	6 onces
b	32 —	31 —	1 —
2. — a	— —	26 —	6 —
b	— —	$29\frac{1}{2}$ —	$2\frac{1}{2}$ —
3. — a	— —	16 —	16 —
b	— —	30 —	2 —
4. — a	— —	24 —	8 —
b	— —	28 —	4 —
5. — a	— —	16 —	16 —
b	— —	30 —	2 —
6. — a	— —	16 —	16 —
b	— —	28 —	4 —
7. — a	— —	20 —	12 —
b	— —	30 —	2 —
8. — a	— —	24 —	8 —
b	— —	29 —	3 —
9. — a	— —	20 —	12 —
b	— —	30 —	2 —
10. — a	— —	26 —	8 (il faut 6)
b	— —	$30\frac{1}{2}$ —	$1\frac{1}{2}$ —

Examinons rapidement les conclusions principales qui se dégagent de ce tableau d'abord, puis des procédés expérimentaux mêmes dont il est tiré.

Pour comprendre la valeur des données précédentes au point de vue spécial de la loi logarithmique, examinons ces données et en particulier leur degré de constance et de concordance.

Les nombres d'onces non perçues, comme dit Weber, sont très différents d'un sujet à l'autre dans les expériences où intervient le toucher seul : 6 onces chez 3 sujets, 8 onces chez 2 autres, 12 onces chez les 2 suivants, et enfin 16 onces chez les 3 derniers. Rapportés au poids le plus faible ces déchets forment des fractions différentes au nombre de 4 pour un ensemble de 10 sujets seulement. Le nombre d'onces non perçues diffère au point que chez 3 de ces sujets il est presque le triple de ce qu'il est chez 3 autres.

Dans le prolégomène suivant(1) Weber donne les fractions exprimant la sensibilité de ses différents sujets. Je ne sais trop comment il nous cite ici les résultats d'expériences sur 13 sujets, les voici :

DIFFÉRENCES PERÇUES SANS MOUVEMENTS

Sujets :	1	. . . .	$\frac{1}{5}$	Sujets :	8	. . . .	$\frac{1}{4}$
—	2	. . . .	$\frac{1}{5}$	—	9	. . . .	$\frac{1}{4}$
—	3	. . . .	$\frac{1}{2}$	—	10	. . . .	$\frac{1}{2}$
—	4	. . . .	$\frac{1}{4}$	—	11	. . . .	$\frac{1}{3}$
—	5	. . . .	$\frac{1}{2}$	—	12	. . . .	$\frac{1}{2}$
—	6	. . . .	$\frac{1}{2}$	—	13	. . . .	$\frac{1}{3}$
—	7	. . . .	$\frac{1}{4}$				

Il semble bien malaisé de tirer de là une loi simple à réduire en formule unique. Sur 10 sujets, mettons sur 13, la sensibilité au toucher varie de $\frac{1}{5}$ à $\frac{1}{2}$! et l'on

____

(1) *Prolémogène* XII, 29 juillet 1831.

trouve des sensibilités intermédiaires de $\frac{1}{4}$ et $\frac{1}{3}$! Qu'eût-ce été si on avait opéré sur 50 ou 100 sujets !

Remarquons encore que ces chiffres $\frac{1}{4}$, etc., sont trop forts ou trop faibles évidemment ; car si nous examinons maintenant le procédé opératoire, ou du moins ce que nous en pouvons connaître par ce que nous apprend l'auteur et par l'examen des résultats, nous voyons que ceux-ci ne diffèrent les uns des autres que d'au moins une once entière (sauf deux résultats d'expériences avec intervention du sens musculaire, où nous trouvons des différences de $\frac{1}{2}$ once). Donc l'approximation est fort large. Voilà deux sujets : le premier perçoit une différence de poids lorsqu'il compare 32 onces à 26, c'est-à-dire 960 grammes à 780 grammes, mais avec une précision approximative de 30 grammes. Un second et un troisième ont une sensibilité considérée comme mathématiquement égale à celle du premier, ce sont les sujets numéro 2 et numéro 10 (1) ; en effet eux aussi perçoivent une différence de pesanteur quand le poids le plus faible est descendu à 26 onces ou 780 grammes. Et pour chacun de ces deux sujets, comme pour le premier, le chiffre donné est exact avec une approximation de 30 grammes. Or, qui oserait affirmer que cette identité est certaine ?

Si l'on avait donné à comparer au premier sujet au

---

(1) Dans la table publiée par Weber, le nombre d'onces non perçues par le sujet numéro 10, est exprimé par 8, mais c'est évidemment une erreur de soustraction, puisque les poids comparés sont 32 et 26 comme pour les sujets numéro 1 et numéro 2.

poids de 32 onces, un poids égal diminué progressivement non plus par once, par 30 grammes à la fois, mais par 25 grammes ou 20, voire 10 grammes, est-il certain qu'il se serait arrêté au chiffre de 780 grammes exactement divisible par 30? C'est fort peu probable. Trois résultats concordant aussi exactement ne pourraient être obtenus que si toutes les conditions des expériences étaient absolument identiques, c'est-à-dire si les trois sujets étaient également sensibles, également dispos, également attentifs, ce qui est pratiquement impossible. Ou bien il eût fallu que chez les trois sujets, l'action combinée des trois facteurs, sensibilité, disposition, attention, bien qu'étant chacun différent, eussent en somme une action d'ensemble mathématiquement égale. C'est encore moins vraisemblable.

Partant, quand on dit que trois sujets perçoivent la différence entre 960 et 780 grammes, soit 180 grammes, alors que l'on opère avec des unités de 30 grammes, soit le sixième de la différence, on ne donne évidemment qu'une mesure approximative.

Il en résulte que le chiffre de $\frac{1}{5}$ donné par Weber pour mesure de la sensibilité de ses sujets n'est pas du tout $\frac{1}{5}$ juste mais une moyenne flottant entre $\frac{1}{6}$ et $\frac{1}{4}$.

Or, si nous relisons le tableau des fractions exprimant la finesse du toucher proprement dit, sans intervention musculaire, et si nous interprétons, comme je viens de le faire, la valeur de ces fractions, nous arrivons à une série comprenant tous les termes intermédiaires, depuis $\frac{1}{2}$ et un peu davantage jusqu'à $\frac{1}{5}$ et un peu moins.

Tout cela chez 13 sujets. C'est-à-dire qu'en fait on peut raisonnablement supposer que pour chacun des 13 sujets il y a une fraction propre légèrement différente des autres et qui apparaîtrait telle si l'on poussait seulement les expériences un peu plus loin, en faisant comparer des poids diminués progressivement de quantités plus faibles.

Quand après cela on conclut des chiffres précédents qu'au point de vue de la sensibilité aux poids les hommes se divisent en deux catégories, ceux qui perçoivent $\frac{1}{3}$ du poids le plus faible et ceux qui en perçoivent $\frac{1}{5}$, on fait une déduction plus ou moins fantaisiste.

Si l'on examine maintenant les chiffres des tableaux se rapportant aux pesées faites avec intervention du sens musculaire, on observe des défauts identiques et des discordances semblables.

En effet sur les 10 sujets qui ont soupesé, un seul n'a pas perçu 1 once ; chez celui-là la fraction mesurant la sensibilité devient $\frac{1}{32}$ (1). 4 sujets n'ont pas perçu 2 onces, la fraction pour eux est de $\frac{1}{16}$, soit le double de celle qui exprime la sensibilité du premier sujet.

Un sujet n'ayant pas perçu $1\frac{1}{2}$ once a pour fraction environ $\frac{1}{21}$, un autre n'a pas perçu $2\frac{1}{2}$ onces, soit sa fraction $\frac{1}{15}$; le suivant a pour fraction $\frac{1}{11}$; et les deux

(1) Voyez Weber, *Prolégomène*, XII, 29 juillet 1831, p. 2.

qui restent n'ayant pas perçu 4 onces, la fraction pour eux devient $\frac{1}{8}$.

Ici, *a fortiori* s'applique l'observation faite précédemment; les sujets qui soupèsent jouissent en fait par l'adjonction au toucher du sens musculaire, jouissent, dis-je, d'une sensibilité infiniment plus grande, que l'on devait mesurer avec une précision correspondante. Or, nous constatons que le poids le plus faible relevé est $\frac{1}{2}$ once, soit 15 grammes, alors qu'il s'agit de déterminer des différences qui chez le premier sujet sont de 1 once, soit 30 grammes, c'est-à-dire le double, chez un second sujet de 45 grammes et chez 4 sujets de 80 grammes seulement.

Ajoutons que malheureusement il nous est impossible de constater si les sujets examinés par Weber ont fait ces expériences avec une attention suffisante.

Dans toutes les expériences que l'on fait de nos jours sur un sujet quelconque, on tient compte avant tout des variations moyennes entre les résultats obtenus. Un sujet invité à soupeser des poids doit, de toute nécessité, faire l'opération un certain nombre de fois. Si les résultats qu'il obtient dans chacun de ces essais sont exprimés par des chiffres sensiblement égaux, on pourra conclure que la moyenne que l'on en a formée a une valeur sérieuse, parce que la concordance des chiffres composants est la preuve, la preuve objective, que les expériences ont été faites dans des conditions à peu près identiques, non seulement au point de vue de la technique mais au point de vue surtout de l'attention prêtée par le sujet.

C'est la connaissance de ces variations moyennes, et cette connaissance seule, qui nous permet de dire si un travail de psychologie a eté bien conduit ou non, qu'il ait été fait sous nos yeux ou loin de nous, hier ou il y a un siècle.

Ici les variations moyennes font complètement défaut. Jusqu'à quel point l'attention des sujets a-t-elle été soutenue ? Pour combien cet élément essentiel entre-t-il dans la valeur des fractions données plus haut ?

Nous l'ignorons.

Que si la valeur des fractions exprimant la sensibilité du toucher, percevant les poids avec ou sans le concours du sens musculaire, si la valeur de ces fractions n'est que bien approximative, et si l'on n'en saurait rien conclure; y a-t-il dans l'œuvre de Weber un autre travail d'où Fechner a pu déduire sa loi logarithmique ?

Oui. Dans ce même prolégomène, XII, p. 5, E.-H. Weber croit ne pas pouvoir passer sous silence « non silentio igitur prœtereundo... » l'observation suivante dont Fechner a fait l'un des fondements de sa psychophysique.

Si, dit Weber, au lieu de faire comparer entre eux des poids aussi considérables que des livres divisées en onces, ou si l'on veut, des onces, on choisit des poids 8 fois moindres, des drachmes; cherchant le poids sensiblement différent de 32 drachmes, poids pris pour unité, on s'attendrait à ce que les différences, entre des poids 8 fois plus faibles, fussent perçues moins aisément. Or, il n'en est rien, dit Weber, « malgré moi pour ainsi dire, j'ai été obligé de constater qu'il n'en est rien ». Le sujet qui perçoit une différence quand on lui fait comparer un poids de 26 onces à 32 perçoit aussi nettement l'inégalité entre 26 drachmes et 32. Celui qui ne distingue de 32 onces que le poids de moitié aussi fort, ou 16 onces, ne sentira une différence qu'entre 32 drachmes et 16 drachmes, mais il distinguera la différence avec la même facilité *à peu près*. « Jam si differentias ponderum graviorum et leviorum observationi nostra· subtractas comparas, easdem *paene* (1) esse obervabis (2). »

Pour établir cette affirmation, Weber a probablement fait plusieurs expériences, — il en faudrait un très grand nombre pour contrôler une loi aussi importante — mais il ne les mentionne pas. Je citerai, dit Weber, *quatre* expériences pour le prouver : elles ont été faites sur quatre sujets que je désignerai par des chiffres.

Voici le tableau résumant ces expériences fondamentales :

NUMÉRO DES SUJETS	DIFFÉRENCES EN ONCES ET EN DRACHMES					
			Différences			Différences
1. — *a*	32 onces	17 onces	15	32 drachmes	24 drachmes	8
b	32 —	$30\frac{1}{2}$ —	$1\frac{1}{2}$	32 —	30 —	2
2. ··· *a*	32 —	22 —	10	32 —	22 —	10
b	32 —	$30\frac{1}{2}$ —	$1\frac{1}{2}$	32 —	30 —	2
3. — *a*	32 —	20 —	12	32 —	26 —	6
b	32 —	26 —	6	32 —	26 —	6
4. — *a*	32 —	26 —	6	32 —	manque	
b	32 —	30 —	2	32 —	29 —	3

(1) Je souligne ce mot qui ne l'est pas dans Weber.
(2) *Prolégomène* XII, p. 5.

Dans ce tableau le lettre *a* indique les résultats des pesées faites alors que la main est posée à plat sur une table, donc par l'intervention du sens du toucher seul.

La lettre *b* indique les chiffres obtenus dans les expériences où le sens musculaire intervient également, le sujet soupesant les onces et les drachmes.

On voit que le 4ᵉ sujet n'a pas fait la série complète des expériences.

A priori, l'affirmation que les sujets perçoivent aussi aisément la différence entre les poids légers qu'entre les poids lourds choque le bon sens. Car on a beau présenter la loi sous une forme un peu spéciale, dire que la différence perçue demeure constante alors que les termes de comparaison varient de quantité ou d'intensité absolue. il n'en découle pas moins cette conclusion que les petites différences sont saisies avec autant d'exactitude que les grandes, ce qui paraît insoutenable.

Personne n'admettra que nous voyons aussi aisément le dixième de millimètre que le décimètre. Et si la difficulté de percevoir les petites distances apparaît clairement quand on opère sur des millimètres ou des dixièmes de millimètres, il est raisonnable d'admettre que cette difficulté va en diminuant à mesure que l'on considère des longueurs croissantes, allant du millimètre vers le mètre. Il est raisonnable d'admettre que plus on s'éloigne du millimètre plus sûrement on apprécie les longueurs ; et que quelque part sur l'échelle des longueurs, entre le millimètre et le mètre ou au delà, se trouve une zone où les difficultés étant réduites au minimum, les appréciations sont relativement faciles.

Il est probable que cette zone n'est pas exactement la même pour tous les hommes ; qu'elle est plus longue pour ceux qui ont le sens musculaire plus affiné ou qui ont exercé ce sens par un entraînement antérieur, ou enfin qui se livrent à ces mensurations avec un maximum d'attention. Voilà ce que le bon sens et l'observation vulgaire nous portent à admettre. Si donc on veut établir que le sens commun est dans l'erreur sur ce point, il convient d'appuyer cette assertion sur un nombre suffisant d'expériences indiscutables. Elles devront être, ces expériences, d'autant plus précises et d'autant plus nombreuses qu'on opérera sur des séries de stimulations plus rapprochées des stimulations qu'on prend comme terme de comparaison. Si, en effet, faisant soupeser d'une part les kilos et notant les différences de poids les plus faibles perçues dans ces conditions, faisant ensuite soupeser des poids de 10 grammes, soit la centième partie des précédents, on constatait une précision identique dans les rapports perçus entre les poids de la première série et ceux de la seconde ; si un sujet distinguait 950 grammes de 1 kilo, et aussi facilement 9,5 grammes de 10 grammes, la question semblerait à peu près résolue dans le sens formulé par Weber. La différence entre 1 kilo et 10 grammes est si considérable, que si même alors le rapport $\frac{1}{20}$ se maintient, c'est qu'il est bien réellement constant. Supposons que de semblables résultats fussent obtenus dans un grand nombre de pesées faites

---

(1) *Prolégomène* XII, p. 51.

par une dizaine de sujets, la loi pourrait être considérée comme à peu près certaine. Si au lieu de faire
comparer à des kilos des poids 100 fois moindres on
se contentait de présenter des poids de 200 grammes
soit 5 fois plus faibles seulement, les difficultés étant
a priori beaucoup moindres, il faudrait pour déclarer
ce rapport exact des expériences beaucoup plus nombreuses et surtout un nombre de sujets beaucoup plus
considérable.

Or, qu'a fait Weber? Il a comparé aux expériences
faites avec des onces, d'autres expériences faites avec
des drachmes, c'est-à-dire le $\frac{1}{8}$ des premières. Il eût
donc dû opérer tout au moins sur un grand nombre de
sujets, pour pouvoir tirer des données expérimentales
une conclusion à peu près exacte.

« En tout, je citerai, dit-il, quatre expériences. »
Quatre sujets seulement ont comparé les poids différents en onces et en drachmes. Mais du moins les
résultats auxquels sont arrivés ces quatre sujets sont
tellement concordants qu'il semble inutile de recourir
à d'autres expériences?

Reportons-nous au tableau reproduit plus haut.

4 sujets ont fait d'abord chacun plusieurs pesées,
la main posée à plat sur une table, ils ont comparé
successivement à 32 onces et à 32 drachmes les poids
en onces et en drachmes tout juste sensiblement inférieurs. Voilà donc pour chacun deux comparaisons,
dont les résultats sont exprimés par des chiffres.

En tout 8 résultats : 4 pour les onces, 4 pour les
drachmes, résultats qui devraient concorder. Or, chez
un seul sujet il y a égalité. Le second perçoit une

différence quand à 32 onces il compare 22 onces, et à 32 drachmes 22 drachmes.

Chez les trois autres il n'y a pas égalité, mais différence, et différence notable, tellement notable que chez les deux seuls qui ont fourni des résultats (ceux du 4° sujet manquent), chez ces sujets, dis-je, la différence va du simple au double !

Le premier sujet perçoit une différence en onces qui est de *15* et une différence en drachmes qui est de *8*; le troisième perçoit une différence en onces de *12* et une différence en drachmes de *6*.

Quand on compare les chiffres exprimant les résultats des expériences où le sens musculaire est intervenu concurremment avec le toucher, les conclusions sont encore moins favorables : ici encore sur les *8* résultats, *2* seulement concordent, mais ils sont si bizarres qu'on ne peut les admettre comme valables : en effet, il s'agit du sujet numéro 3. On trouve que sans soupeser, il perçoit des différences de 12 onces et 6 drachmes, et en soupesant, des différences de 6 onces et encore 6 drachmes ! Chez lui le concours du sens a accru la finesse à percevoir le poids des onces puisque la différence est tombée de 12 à 6; mais pour les drachmes l'intervention du sens musculaire n'a produit aucun changement.

Cette simple constatation montre mieux que tous les raisonnements la valeur des expériences et celle des chiffres qui en expriment les conclusions.

Même en passant sur ces bizarreries, admettons, avec Weber, que ces résultats aient une signification ; que doit-on logiquement déduire des données précédentes ?

Pour les expériences où le toucher seul intervient il faudrait 4 paires de résultats, la dernière est incomplète. Les trois autres donnent ceci :

Différences en poids non perçues : onces... 15   drachmes... 8
—   —   — ... 12   — ... 6
—   —   — ... 6   — ... 6

De ces données, si l'on veut absolument tirer une conclusion, découle ceci : lorsqu'un même sujet compare par le toucher seul, des poids différents plus lourds et des poids différents plus légers il perçoit *plus aisément la différence entre ces derniers*. En effet, sur trois sujets, deux perçoivent, pour les drachmes, une différence proportionnelle deux fois moindre que celle qu'ils perçoivent entre les onces. Le troisième perçoit les différences également bien dans l'une et l'autre expérience.

Lorsque les sujets soupèsent les poids à comparer, la différence entre les poids des drachmes ou poids légers semble au contraire plus difficile à saisir, en effet sur les quatre sujets un seul a perçu la différence 6. Les trois autres perçoivent mieux la différence entre les poids constitués par des onces, respectivement $1\frac{1}{2}$, $1\frac{1}{2}$ et 2 onces ; et un peu moins bien celle qui existe entre les poids plus légers formés de drachmes, soit respectivement *2, 2, et 3*. Il convient de remarquer que les chiffres du 3e sujet, 6 onces et 6 drachmes sont au moins étanges quand on les compare aux autres de la même série : $1\frac{1}{2}$, 2 et au maximum 3, et quand on les rapproche des chiffres obtenus pour ce même sujet dans les expériences où intervient le toucher seul.

E.-H. Weber conclut de ces mêmes données :
« easdem paene », etc.; comment s'y est-il pris pour
interpréter avec une pareille... disons : légèreté, des
résultats déjà d'ailleurs plus que précaires.

Donc d'après les expériences de Weber, citées par
lui-même à l'appui de son assertion, celle-ci est absolument, mais absolument inexacte; si quelque conclusion
peut être tirée de ces expériences, c'est que les sujets
perçoivent *inégalement bien* les différences entre les
poids lourds et les poids légers.

E.-H. Weber a entrepris des recherches assez
longues sur la sensibilité du toucher à la température,
mais comme Fechner lui-même semble faire peu de
fonds sur les conclusions qu'on a cru pouvoir en tirer,
et que d'ailleurs il n'entre pas dans mon plan de faire le
tour complet des travaux expérimentaux de Weber, je
m'en tiendrai à la critique des recherches sur la sensibilité aux pesées. C'est du reste la partie la plus
importante au point de vue de la loi psychophysique.

Il peut sembler étrange qu'un savant dont la
réputation dure encore aujourd'hui, ait cru pouvoir
édifier une loi sérieuse sur des travaux aussi impar-
faits. Évidemment, en publiant ces premières données,
E.-H. Weber ne s'attendait nullement à les voir servir
de base à la psychophysique. Aussi n'attacha-t-il probablement pas à ses conclusions une grande importance en 1831. Il n'est d'ailleurs pas trop affirmatif à
cette époque, et, il faut interpréter dans un sens très
large le mot « paene » introduit dans sa conclusion.
Mais plus tard dans « Tast und Gemeingefühl » il rap-

pelle ses expériences faites en 1831 et formule sa loi sans restriction (1).

E.-H. Weber déclare aussi que la loi qu'il croit avoir établie pour les poids, se vérifie encore et pour la perception des longueurs par la vision et pour la perception de la hauteur des sons. Les fondements expérimentaux de ces deux dernières conclusions sont encore moins sérieux que ceux que j'ai exposés et critiqués tantôt : en effet, pour ce qui concerne la perception des longueurs, nous ignorons tout de ses expériences. Il se contente d'affirmer que les sujets distinguent aussi facilement deux lignes de 50 et de 50,5 millimètres que deux autres exactement doubles de 100 et 101 mm. Pour la hauteur des sons il s'en rapporte aux expériences faites par Delezenne.

Voici en résumé, d'après M. Foucault, l'exposé des expériences de Delezenne.

Cet auteur se propose de rechercher quelle est la plus faible différence qui puisse être perçue dans la hauteur de deux sons. Une corde métallique est fixée par ses deux bouts à deux chevalets, la corde ayant entre les deux chevalets 1147 mm. de longueur. Un chevalet mobile est glissé sous le milieu de la corde. Quand on fait vibrer les deux moitiés égales, les sons produits sont identiques. Si on déplace le chevalet mobile de 2 mm. à droite ou à gauche la différence devient sensible pour toute oreille; si on déplace le chevalet de 1 mm. « il faut avoir l'oreille assez délicate pour s'en apercevoir immédiatement ». Au moyen de

---

(1) M. Foucault, *La psychophysique*, p. 33. (Paris, Félix Alcan.)

ce dispositif on peut mesurer la sensibilité de l'oreille à
la hauteur des sons ou au nombre de vibrations. Or, on
peut affirmer, dit Delezenne... « que toutes les oreilles
sont sensibles à une différence d'un comma entier,
quand elles comparent deux sons voisins de l'unisson,
et qu'elle les entendent *alternativement* (1) ».

L'auteur a cherché quelle est l'erreur de perception
la plus faible que l'ouïe puisse commettre pour l'intervalle d'octave, de quinte, de tierce majeure et de sixte
majeure. Le comma étant pris pour unité, il a trouvé les
valeurs suivantes : « octave, 0,31 ; quinte, 0,1461 ; tierce
majeure, 0,1284 ; sixte majeure, 0,299 ou 0,441, *suivant
les cas* (2) ». Ces derniers mots donnent à réfléchir, ici
du moins Delezenne a trouvé deux sortes de résultats
et le dit franchement. Sur combien de sujets a-t-il fait
ses expériences? dans quelles conditions exactes d'attention, de concordance de toutes les circonstances
ambiantes? Que vaut donc sa conclusion? Je l'ignore.
Mais cela n'importe en aucune façon à Weber qui l'a
adoptée telle quelle et en a déduit une conclusion à lui
que je transcris en entier dans la traduction française
de M. Foucault : « Comme cet auteur ne dit pas que
cette différence est perçue plus difficilement dans les
sons graves, plus facilement dans les sons aigus, et
comme je n'ai jamais entendu dire que la différence fut
perçue plus facilement dans les sons aigus que dans
les sons graves, je suppose (*suspicor*) que par l'ouïe

----

(1) Cité par M. Foucault, *La psychophysique*, p. 28.
(2) *Id.*, p. 28. Je souligne la dernière phrase qui ne l'est pas dans
M. Foucault.

aussi, ce n'est pas la différence absolue, mais la différence relative que nous distinguons (1) ».

Voilà donc la première base de la psychophysique, les expériences de E.-H. Weber, d'où découle cette loi que l'on a appelée loi de Weber, à savoir que « la plus petite différence perceptible entre deux excitations de même nature est toujours due à une différence réelle qui croît *proportionnellement* avec ces excitations mêmes (2) ». Je souligne le mot : « proportionnellement » c'est celui qui seul importe. Chacun admettra sans peine que des différences perceptibles sont dues à des différences réelles de l'excitation, et encore que si ces excitations croissent la sensation croît en même temps; mais le bon sens se refuse à admettre que ces deux accroissements soient rigoureusement proportionnels suivant une valeur mathématique exacte et ce ne sont pas les expériences de Weber qui doivent nous détromper.

II

La deuxième base de la loi de Fechner est un ensemble de résultats tirés de recherches diverses, faites par des physiciens, des astronomes et des mathématiciens. Il serait oiseux de les rapporter en détail. J'en choisirai une ou deux parmi les plus caractéristiques, celles que le fondateur de la psychophysique jugeait les plus probantes.

---

(1) Cité par M. Foucault, *La psychophysique*, p. 33.
(2) J. Delbœuf, *Examen critique de la loi psychophysique*. J'ai souligné le mot proportionnellement.

Un mot d'abord des travaux mathématiques. Dans ses *Elemente der Psychophysik* (1) un paragraphe intitulé « Fortune physique et morale » expose les idées de Bernouilli, Laplace et Poisson, sur la valeur relative *exacte* d'une même somme d'argent gagnée par des hommes inégalement riches. « On doit distinguer dans le bien espéré, dit Laplace (2), sa valeur relative de sa valeur absolue : celle-ci est indépendante des motifs. *On ne peut donner de règles générales pour apprécier cette valeur relative* (3); cependant il est naturel de supposer la valeur relative d'une somme infiniment petite, en raison directe de sa valeur absolue, en raison inverse du bien total de la personne intéressée. En effet, il est clair qu'un franc a très peu de prix pour celui qui en possède un grand nombre et que la manière la plus naturelle d'estimer sa valeur relative est de la supposer en raison inverse de ce nombre. » — « D'après ce principe x étant la fortune physique d'un individu, l'accroissement dx qu'elle reçoit produit à l'individu un bien moral réciproque à cette fortune; l'accroissement de sa fortune morale peut donc être exprimée par $\dfrac{kdx}{x}$ k étant une constante. Ainsi en désignant par y la fortune morale correspondante à la fortune physique x on aura

$$y = k \log x + \log h.$$

---

(1) Zweite unveränderte Auflage, Leipzig, 1889, Breitkopf und Härtel, erste Theil p. 236 et 237.

(2) *Théorie analytique des probabilités*, p. 187.

(3) Je souligne cette phrase qui ne l'est pas dans Laplace.

h étant une constante arbitraire, que l'on déterminera au moyen d'une valeur *y* correspondante à une valeur de *x*. » Certes, Laplace a construit là une formule ingénieuse mais sans aucune valeur scientifique. La fortune morale varie avec une foule de causes dont la plus importante est sans doute le caractère même du sujet, et ce caractère impressionné par les dispositions du moment, etc. La valeur d'un gain est en rapport avec la fortune que possédait déjà le gagnant; c'est vrai, mais pas du tout également vrai pour différents individus possédant une fortune égale. La valeur morale du gain dépend *entre autres* de la fortune du gagnant, c'est là une des conditions qui déterminent cette valeur et ce n'est pas du tout la seule. Le rapport de 1 franc gagné à 100 francs de fortune antérieurement acquise varie surtout avec la valeur relative de cette fortune elle-même. Celui qui a peine à se suffire avec ses 100 francs éprouvera, en gagnant 1 franc de plus, une impression toute autre que celui qui a déjà du superflu, etc. Je m'étonne que la formule n'ait pas été présentée sous cette forme-ci : l'impression produite sur un sujet possédant 100 francs et résultant d'un premier gain de 1 franc sera, à l'impression produite chez ce même sujet par un deuxième gain de 1 franc, dans le rapport de...; ici du moins on comparerait des termes de même nature : deux gains réalisés dans des conditions à peu près semblables : même sujet, même fortune, etc. Je me hâte de dire que c'est plutôt sous cette seconde forme que Fechner a appliqué la formule de Laplace à la mesure des sensations. Dans les pesées on compare non pas l'impression produite par 1 kilo, rapportée à l'ensemble du poids du corps redressé par l'action concurrente de la masse des muscles, mais 1 kilo comparé à un autre kilo ou à une fraction de kilo.

La part des mathématiciens dans la fondation de la psychophysique est d'ailleurs secondaire; l'apport fait par les physiciens et les astronomes a été plus directement utilisé.

Je vais citer deux expériences, celles que le physicien de Leipzig a considérées comme les plus concluantes.

Fechner, dans les *Elemente der Psychophysik* (1), déclare que les mensurations sur lesquelles il s'appuie pour déterminer la sensibilité aux stimulations lumineuses, sont tirées des travaux de Bouguer, Arago, Masson et Steinheil et qu'il n'a fait qu'ajouter à ces résultats ceux obtenus dans ses recherches et dans celles de Volkman.

Voyons ce que ces travaux ont établi.

L'expérience la plus ancienne est celle de Bouguer.

Il rechercha quelle intensité doit avoir une certaine lumière pour empêcher que l'œil en perçoive une autre plus faible. Le procédé expérimental consiste à produire sur un écran blanc éclairé par une bougie, une ombre produite par une règle interposée entre l'écran et une seconde bougie et d'éloigner cette seconde bougie jusqu'au moment précis où l'ombre disparaît. La première bougie étant à 1 pied de l'écran, il a fallu écarter

---

(1) Zweite unveränderte Auflage, erste Theil, p. 140.

la seconde bougie jusqu'à une distance de 8 pieds
pour que l'ombre disparût. « Ainsi, conclut Bouguer,
la distance entre les deux lumières n'a cessé d'être
visible que lorsque la petite partie ajoutée a été environ
64 fois plus faible que la première (1). »

La plus petite différence perceptible était donc
ici $\frac{1}{64}$. Bouguer ajoute que la *sensibilité doit varier avec
l'œil de l'observateur* (2); mais, et c'est là le fait intéressant au point de vue de la loi de Weber, *il a cru
reconnaître* que pour son œil, la sensibilité était indépendante de la force de la lumière (3).

Donc voilà une première sorte d'expériences faites
selon toute apparence sur un seul sujet, l'auteur
lui-même, lequel croit reconnaître, a donc l'impression,
que pour lui la sensibilité était égale avec une lumière
forte ou faible.

Les expériences de Masson semblent plus concluantes. Cet auteur, sur un disque blanc, d'environ
6 centimètres de diamètre (4), trace un secteur dont la
surface est dans un rapport donné avec celle du cercle;
il noircit une portion du secteur, laissant blanc le bord
large extérieur et le triangle inférieur.

Le disque de papier est fixé au moyen de colle de
poisson sur un disque en cuivre qu'un mouvement
d'horlogerie fait tourner à raison de 2 à 300 tours à la

----

(1) M. Foucault, *op. cit.*, p. 22.
(2) Je souligne ce passage.
(3) Bouguer (*Traité d'optique sur la gradation de la lumière*), cité
par Masson dans *Annales de Chimie et Physique*. 1845, 3ᵉ série, t. XIV,
p. 148-150.
(4) Masson, *op. cit.*, p. 150.

minute. La surface noire du secteur enlève donc une partie de la lumière. La largeur du secteur rapportée au développement de la couronne détermine la mesure de l'éclairement de celle-ci. Si le secteur représente la 50ᵉ partie de la couronne, l'éclairement de celle-ci est de $\frac{1}{50}$ plus faible que l'éclairement du fond blanc général du disque.

On peut déterminer expérimentalement quelles dimensions il faut donner au secteur pour que le sujet distingue une couronne grise sur le fond blanc. Le rapport entre la grandeur de ce secteur, et le développement de la couronne mesurera la sensibilité de l'œil. « En essayant différentes vues, dit Masson (1), j'ai trouvé que pour celles que l'on considère comme faibles, la sensibilité a varié de $\frac{1}{50}$ à $\frac{1}{70}$. Elle a été de $\frac{1}{80}$ à $\frac{1}{100}$ pour les vues ordinaires, et pour les bonnes vues de $\frac{1}{100}$ à $\frac{1}{120}$ et au delà. J'ai rencontré deux personnes apercevant fort distinctement la couronne produite par un disque donnant le $\frac{1}{120}$. » De $\frac{1}{50}$ à $\frac{1}{120}$ il y a de la marge! Nous voyons d'ailleurs entre ces chiffres extrêmes, toute une série d'intermédiaires non seulement d'après la valeur de la vue que Masson distingue en faible, moyenne et bonne, mais encore dans chacune de ces catégories. Comme pour les résultats des pesées faites par Weber, on constate une multiplicité de résultats trop différents entre eux pour

____

(1) Cité par Fechner, *Elemente*, p. 154.

donner une moyenne sérieuse et former une fraction constante bien déterminée.

Qu'est-ce d'abord que l'auteur entend par une vue bonne, ordinaire ou faible ? S'agit-il de la portée de la vue ? Pour mesurer la sensibilité directe de la rétine qui seule ici importe, il faut commencer par déterminer très exactement les différents diamètres de l'œil et corriger minutieusement les irrégularités de ceux-ci. Alors, mais alors seulement, les milieux de l'œil étant reconnus à peu près de transparence égale, et les sujets anormaux étant soigneusement écartés, on peut mesurer la sensibilité de l'œil à la lumière, et parler de vues faibles, ordinaires et bonnes, c'est-à-dire de rétines plus ou moins impressionnables par des stimulations identiques, soigneusement mesurées. Ces précautions ont-elles été prises ?

Combien de sujets ainsi corrigés ont été soumis aux expériences ? Que valait leur attention ? Quelle fut l'importance des variations moyennes ?

« En faisant varier l'intensité de l'éclairement, — continue Masson, — j'ai trouvé que quand il était suffisant, pour qu'on pût lire facilement dans un in-octavo, la sensibilité ne variait pas pour un même individu. Ainsi, comme Bouguer l'avait reconnu, la sensibilité de l'œil est indépendante de l'intensité de la lumière. J'ai fait varier de plusieurs manières l'intensité du rayon lumineux réfléchi par le disque. J'ai pris la lumière d'un carcel placé à diverses distances du disque, l'éclairement par un temps sombre et couvert ; j'ai opéré à la lumière diffuse après le coucher du soleil ; j'ai employé la lumière solaire réfléchie par un héliostat, et quelquefois j'ai rendu le faisceau divergent au moyen d'une lentille. La distance de l'œil au disque est sans influence sur la sensibilité pourvu qu'on n'atteigne pas une certaine limite déterminée par l'angle soutenu par la couronne (1). »

L'affirmation ici du moins est catégorique, l'impression de Bouguer se transforme en une certitude. Dommage seulement que nous n'ayons pas les chiffres correspondants aux résultats obtenus chez les mêmes sujets dans ces différentes conditions d'éclairement du disque. Ce serait infiniment plus convaincant que toutes les affirmations. Masson cite un chiffre obtenu dans une expérience faite sur lui-même. « Ainsi, je vois aussi distinctement la couronne au $\frac{1}{100}$, soit que j'éclaire le disque par la lumière naturelle, soit que j'emploie des rayons colorés (2). » Au lieu de cette affirmation : « Je vois aussi distinctement », on voudrait avoir les chiffres exprimant les rapports du secteur à la couronne dans des séries d'expériences, où ce rapport va en diminuant jusqu'à ce qu'on ne voie plus, et puis en augmentant jusqu'à ce qu'on voie de nouveau la couronne.

Que l'on ne m'accuse pas de blâmer de parti pris; il y a dans le travail de Masson une phrase qui montre combien les précautions que je préconise eussent été utiles. Le numéro 43, page 153, débute ainsi : « J'ai substitué aux papiers blancs éclairés par des lumières colorées, des papiers colorés éclairés par la lumière naturelle, la limite de la sensibilité m'a toujours paru

---

(1) Fechner, *Elemente*, erste Theil, p. 154.
(2) *Id.*, p. 154.

plus petite dans ce dernier cas, et *un peu* variable avec la couleur des papiers. Je ne pense pas cependant qu'on doive regarder ce fait comme une exception à la règle que j'ai établie. » Je suis pour ma part convaincu qu'en multipliant ces expériences on aurait constaté que la sensibilité varie avec les couleurs de diverses intensités lumineuses ; et trouvé des différences, évidemment très faibles et d'autant plus difficiles à mettre en évidence, mais réelles. Je rappelle les observations présentées plus haut ; s'il y a une différence dans la netteté des perceptions résultant de stimulations faibles, cette différence sera petite et d'autant plus petite que l'on s'écartera moins des stimulations d'intensité moyenne ; il faudra donc : *primo* un très grand nombre d'expériences et *secundo* des expériences faites avec un maximum de précision, donnant des résultats très concordants, en un mot de très petites variations moyennes pour établir ces différences de sensibilité. Or, trouvons-nous ces conditions réalisées dans les recherches de Masson ?

Quelle qu'ait été sa façon de procéder, il ne s'appuie que sur des impressions subjectives dont il n'a pas mesuré la valeur objective par des expériences appropriées. Ici, encore, nous sommes loin d'une vérité expérimentalement établie.

III

Fechner tablant d'une part sur les conclusions de Weber, d'autre part sur celles des mathématiciens, des physiciens et des astronomes, dont nous venons de parler, entreprit un travail d'ensemble pour en déduire la loi fondamentale des rapports entre l'esprit et la matière, la loi psychophysique.

Je passerai en revue successivement ses méthodes expérimentales, ses recherches sur le seuil de la sensation, enfin les travaux sur lesquels il croit pouvoir asseoir sa loi.

Quand on compare deux poids, objectivement, en lisant les résultats de leur action sur l'échelle où l'aiguille se déplace suivant les mouvements du fléau d'une balance, on voit d'emblée et avec une précision déterminée par la sensibilité de la balance — car celle de l'œil est ici presque négligeable — le rapport entre ces deux poids.

Quand on veut comparer des poids, subjectivement en les plaçant sur la main, les conditions sont tout à fait autres : non seulement la sensibilité de la main est infiniment moindre que celle d'une balance de précision mais cette sensibilité moindre varie sous l'action de causes diverses, notamment les dispositions du sujet, la finesse congénitale ou acquise de ses nerfs du toucher, de son sens musculaire, le degré d'attention qu'il prête à la pesée, et enfin de la marche même des opérations. Suivant que l'on commence par des différences trop fortes ou des différences trop faibles, que l'on augmente ou que l'on diminue plus ou moins rapidement ces différences, que l'on procède par mouvements brusques ou lents, par poids à base large ou étroite, les résultats sont plus ou moins variables.

De là l'obligation pour le psychologue de rechercher des méthodes spéciales donnant le maximum d'approximation, malgré ces variations multiples.

Fechner a très consciencieusement examiné la valeur de ses méthodes, l'étude critique qu'il en a faite est selon moi la meilleure partie de toute son œuvre.

Je cite d'abord la méthode des *différences juste perceptibles*; Fechner ne l'a pas inventée, mais s'est appliqué à l'améliorer, à en faire un outil perfectionné.

Supposons une série de points noirs placés à côté les uns des autres de façon que l'intervalle entre chacun de ces points soit identique. Si on éloigne de l'œil le fond blanc sur lequel s'enlève cette ligne de points, à une certaine distance on verra non plus une série de points mais une ligne continue. Cette distance étant, je suppose pour cette ligne et pour cet œil, de 2 mètres exactement, il faudra en tâtonnant chercher à quelle distance l'illusion cesse. Pour cela on rapprochera l'image la portant à 1 m. 98 et progressivement à 1 m. 96, à 1 m. 94, etc., la déplaçant toujours de 2 centimètres à la fois, jusqu'à ce que le sujet perçoive les points séparés; supposons que ce soit à 1 m. 80; on notera la distance à laquelle on s'est arrêté. Puis, présentant quelques moments après l'image, à une distance de 1 m. 60, par exemple, de façon que le sujet perçoive nettement les points séparés, on écartera l'image de 2 centimètres, puis encore de 2 centimètres et ainsi de suite, jusqu'à ce que le sujet perçoive une ligne continue. Supposons que ce soit à la distance de 1 m. 90. Si à différentes reprises on avait obtenu ces chiffres 1 m. 80 et 1 m. 90 ou des chiffres très peu différents dont la moyenne serait 1 m. 80 et 1 m. 90, on conclurait que la distance moyenne à laquelle la ligne apparaît continue est 1 m. 85. On comprend que si l'on veut obtenir une précision plus grande, il conviendra quand on approchera de la limite dans chacune des séries ascendantes et descendantes de diminuer l'étendue du déplacement, de la réduire à 1 centimètre, $\frac{1}{2}$ centimètre ou moins; de refaire les expériences un très grand nombre de fois de façon à obtenir le moindre écart possible entre la distance maxima obtenue dans les deux sortes de séries. Ainsi, 1 m. 85 par exemple, qui diffère de 5 centimètres d'avec les deux composantes 1 m. 90 et 1 m. 80 n'est pas une donnée très précise; mieux vaudrait à coup sûr 1 m. 85 obtenu par la moyenne des maxima 1 m. 84 et 1 m. 86.

Cette méthode des différences juste perceptibles ou des plus petites différences perceptibles, est somme toute un instrument délicat, dont ne peut tirer tout le parti voulu que celui-là seulement qui en a fait un long et patient usage. Elle ne va pas sans de nombreux tâtonnements et il faut un doigté spécial pour s'en servir correctement.

Une deuxième méthode est celle *des cas vrais et des cas faux*. L'on présente à un même sujet avec un éclairage identique deux disques dont les secteurs diffèrent très légèrement. Je suppose que le secteur noir du premier soit par rapport à l'anneau blanc de $\frac{1}{60}$ et le secteur noir du second de $\frac{1}{59}$. Mettons que l'on présente 10 fois au même sujet ces deux disques placés l'un à côté de l'autre. Il trouve dans 4 expériences que l'anneau gris de $\frac{58}{59}$ est plus sombre que l'anneau gris de $\frac{59}{60}$, dans 4 expériences il doute, et n'ose émettre un avis, enfin dans les deux dernières expériences, il lui semble que l'anneau de $\frac{59}{60}$ celui qui n'a que le $\frac{1}{60}$ de moins que l'intensité lumineuse du fond est plus sombre que l'anneau qui a $\frac{1}{59}$ de moins. Que conclure de ces données ? Peut-on affirmer que le sujet distingue l'intensité de $\frac{58}{59}$ rapporté à 1 mieux que $\frac{59}{60}$ rapporté à 1 ?

Vierordt et ses élèves qui employèrent les premiers cette méthode (1) additionnaient seulement les cas vrais obtenus dans des conditions différentes et du nombre plus ou moins considérable de cas vrais dans des circonstances données, concluaient à une plus ou moins grande sensibilité. Fechner a tenté de perfectionner cette méthode et par des expériences et par des calculs afin d'arriver à une mesure de la sensibilité. Voici comment il procède. Reportons-nous à l'exemple précédent : il y a quatre réponses exactes, 4 douteuses, et 2 inexactes ; Fechner élimine les réponses douteuses, les convertit moitié en réponses exactes et moitié en réponses inexactes, et ajoute les premières aux réponses vraies, les dernières aux fausses. Mais ce qui est plus bizarre, pour éviter les fractions embarrassantes dans les calculs (2), il compte chaque réponse vraie pour deux cas vrais, chaque réponse fausse pour deux cas faux, et, comme je l'ai dit, chaque réponse douteuse pour un cas vrai et un cas faux. Ce qui fait que d'après Fechner, nous devrions noter comme suit les résultats des expériences précédentes : 4 réponses vraies valant

---

(1) M. Foucault, *La psychophysique*, p. 36.
(2) M. Foucault, *op. cit.*, p. 37.

chacune 2 cas vrais = 8 cas vrais ; 4 réponses douteuses valant ensemble 4 cas vrais et 4 cas faux, enfin 2 réponses fausses valant 4 cas faux.

En tout : 8 + 4 ou 12 cas vrais ; 4 + 4 ou 8 cas faux.

Il y a là une interprétation arbitraire de la valeur des réponses douteuses considérées comme exactement placées entre l'affirmation et la négation, alors qu'en fait le sujet doute toujours plus ou moins et que le degré de doute varie avec le caractère même des individus et diverses causes objectives qu'il serait trop long de signaler.

Une troisième méthode employée par Fechner est celle *des erreurs moyennes*. Etant donné qu'un sujet perçoit la différence d'intensité entre l'anneau $\frac{1}{59}$ et celui de $\frac{1}{60}$, trouver parmi un groupe d'autres disques les anneaux différant dans le même rapport.

Le sujet estimera que des sensations produites par d'autres stimulants que ceux dont il a comparé les effets d'abord, sont égales à celle qu'il prend pour unité ou terme de comparaison, alors qu'en fait il y aura entre ces derniers et les premiers une différence réelle. Cette différence sera positive ou négative, et plus ou moins considérable ; le sujet en la jugeant égale commettra une erreur dont il faut déterminer la valeur moyenne. Celle-ci varie nécessairement avec différentes causes, mais surtout avec le sujet. On conçoit que l'erreur commise étant tantôt négative tantôt positive, variant en importance d'après certaines conditions matérielles même des expériences (par exemple quand on place les disques à comparer, à droite ou à gauche, plus haut ou plus bas que les disques servant de points de comparaison), l'interprétation des résultats est souvent difficile. La moyenne donnée comme égale est composée en ajoutant les résultats de nombreuses observations et en divisant la somme par le nombre de celles-ci ; cette moyenne, est souvent notablement différente de la première prise comme norme. Fechner appelle *erreur constante* la différence entre cette moyenne et la sensation servant d'unité et qu'il appelle la normale ; il donne le nom *d'erreur pure* variable à la différence entre la moyenne et une de ses composantes, et il étudie ces deux éléments, notant la part qu'il convient d'attribuer à chacun d'eux dans la détermination exacte de la mesure de la sensibilité.

Cette méthode plus que les autres peut-être, exige un nombre considérable d'expériences.

Fechner lui-même et son beau-frère, Volkmann, ont fait des expériences sur les sensations de lumière, de son, de poids, de température et sur les sensations de grandeur ou mieux de distance perçues par les muscles de l'œil et par le toucher. Comme je l'ai fait pour les recherches de Weber et des autres prédécesseurs de Fechner, je choisirai quelques-unes des expériences les plus caractéristiques, et qui aux yeux des auteurs eux-mêmes, passent pour les mieux conduites et les plus concluantes.

D'après les expériences de Fechner, la loi de Weber *se vérifie à peu près* (1) dans l'appréciation des

---

(1) *Elemente*, erste Theil, p. 183.

longueurs par la vue ou le toucher. Pour les sensations
de température, Fechner admet que la loi de Weber
paraît vraisemblable dans certaines limites, mais non
prouvée. Il reconnaît que les résultats ne sont pas
suffisamment nombreux et qu'il n'en peut tirer que
des conclusions provisoires. Il faudrait des recherches
complémentaires. Pour ce qui concerne les sensations
de poids, les expériences de Fechner méritent qu'on s'y
arrête, parce que les conclusions qu'il en a tirées ont
été directement combattues par Hering sur le terrain
de l'expérimentation.

Enfin pour les sensations auditives et visuelles,
Fechner affirme que, quant à l'intensité des sons, la loi
de Weber est vérifiée en gros ; et qu'elle l'est pleinement quant à la hauteur; pour les sensations de lumière,
il conclut encore que la loi de Weber est, en dessous
d'un certain maximum et au-dessus d'un certain minimum, rigoureusement exacte.

Voyons d'abord la technique des expériences, sur
la sensibilité aux poids.

« Mes principales séries de pesées, dit Fechner (1),
ont été faites les unes avec les deux mains, les autres
avec une main (séparément la main droite et la gauche),
avec des poids de 300, 500, 1 000, 1 500, 2 000 et
3 000 grammes. »

Les pesées au moyen d'une main on été faites en
octobre et novembre 1856 ; celles au moyen des deux

---

(1) *Elemente*, erste Theil, p. 183.

mains en décembre 1856 et janvier 1857. Fechner, comme le prouve le passage en petit texte de la page 97, a pris les précautions les plus minutieuses, pour que les stimulations produites fussent toujours exactement comparables, il n'y a sur ce point aucun reproche à lui adresser, il faut le louer au contraire d'être entré dans ces menus détails ; rien ne montre mieux le degré de précision et partant la valeur des expériences que cette confession presque involontaire des difficultés rencontrées et des précautions prises pour les surmonter.

Dans les deux séries d'expériences on a fait en tout 24 576 pesées.

Il y a eu 32 séances ; dans chaque séance 12 séries de 64 pesées chacune.

Chaque fois au poids principal étaient comparés deux autres poids différant de 0,04 et de 0,08 de ce poids principal. Cette différence peut sembler considérable, mais Fechner fait observer que malgré cela, le nombre de cas faux est encore assez grand pour justifier pareil écart.

L'ordre dans lequel il faut présenter les poids principaux, l'ordre dans lequel il faut les soulever, la position dans l'espace, etc., tout a été prévu et minutieusement réglé, pour rendre les résultats strictement comparables.

Malheureusement il y a dans ces recherches un défaut capital, c'est qu'elles ont été faites non sur une centaine de sujets, ce qui était indispensable pour mettre en évidence un point aussi délicat que celui que l'auteur voulait traiter, non pas même sur dix sujets, mais sur un seul. Que conclure de semblables résultats ?

Si maintenant on parcourt les innombrables séries de chiffres accumulés par l'auteur, on voit, à première inspection, que la loi ne se vérifie pas du tout suivant les idées de Weber. Il faudrait pour que la conclusion que Weber tira de ses expériences rudimentaires fût confirmée, il faudrait que dans les séries de pesées faites avec les poids principaux de 300, 500, 1 000, 1 500, 2 000, 3 000 grammes, la sensibilité à la différence entre ces poids et les autres qui en diffèrent par 0,04 et 0,08 fût égale, par conséquent que le nombre de réponses exactes, des cas vrais, fût sensiblement le même. Or, je transcris ici quelques résultats pris au hasard : les sommes des cas vrais dans l'ensemble des expériences faites en soupesant avec les deux mains (1). Les poids comparés à chaque poids principal sont de deux sortes, différant de 0,04 et de 0,08.

POIDS PRINCIPAUX	NOMBRE DE CAS VRAIS	NOMBRE TOTAL D'EXPÉRIENCES
300	2 660	4 096
500	2 643	4 096
1 000	2 796	4 096
1 500	2 913	4 096
2 000	2 969	4 096
3 000	2 992	4 096

On voit d'emblée que pour des expériences faites avec une telle minutie, et un si formidable nombre de pesées, il n'y a pas la concordance voulue. Les

----

(1) *Elemente*, erste Theil, p. 190.

chiffres des autres tableaux ne sont pas plus concluants (1). Manifestement le nombre de cas vrais augmente quand le poids principal croît de 500 à 3 000 grammes. Il diminue quand le poids passe de 300 à 500. Fechner lui-même l'a remarqué d'ailleurs et déclare, en fin de compte, que c'est là une anomalie dont il ignore la cause (2).

Fechner a essayé d'expliquer ces variations, par une cause de perturbation inévitable, à savoir l'intervention du poids propre du bras. On conçoit que cette cause d'erreur se fasse sentir surtout dans les séries à poids faibles, mais comment admettre qu'elle agisse autrement dans les pesées faites avec le poids principal de 300 grammes et autrement dans celles où le poids principal est de 500 grammes ! On voit clair comme le jour, que le sujet distingue mieux les différences entre des poids d'environ 3 kilos qu'entre d'autres d'à peu près $1\frac{1}{2}$ kilo ; ce qui est conforme aux idées de chacun. Nous croyons volontiers qu'il y a une difficulté plus grande à distinguer des stimulations plus faibles. Et cette opinion est conforme d'ailleurs aux conceptions courantes de la biologie, d'après lesquelles tout être sensible est impressionné le plus intensément entre certaines limites inférieures et supérieures, au delà et en deçà desquelles la sensibilité va en diminuant graduellement et d'autant plus qu'on se rapproche davantage de ces limites.

(1) Voyez *Elemente*, p. 192, 193, etc.
(2) *Elemente*, erste Theil.

Les expériences entreprises par Fechner pour contrôler l'exactitude de la loi de Weber, dans le domaine des sensations auditives, ont porté sur l'intensité des sons. Quant à la hauteur il se contente d'affirmer que d'après ses observations et les calculs de Euler, Herbart et Dorbisch (1) la loi de Weber est vérifiée pleinement.

Voyons ses expériences sur l'intensité des sons.

Il a utilisé un double dispositif expérimental : d'abord un appareil imaginé par Volkmann, et qui consistait essentiellement en un pendule oscillant entre deux montants fixes.

Un marteau de bois à l'extrémité du pendule frappait une plaque sonore. On pouvait produire des coups forts ou faibles. En fait, on faisait varier les positions du pendule de façon à produire deux sons différents, nettement distincts pour l'oreille du sujet et choisis de façon que, en diminuant de moitié la différence entre les deux positions du pendule, le sujet ne pût donner plus de réponses vraies que de réponses fausses.

On mesure donc ainsi la sensibilité à la différence d'intensité de deux sons, le sujet étant d'abord placé à côté de l'appareil, puis à 12, enfin à 18 pas.

Fechner prétend que les résultats sont les mêmes quelle que soit la distance à laquelle se trouve le sujet.

Un deuxième dispositif est le suivant. Deux billes d'acier tombent sur des plaques d'acier. On fait varier

---

(1) *Elemente*, erste Theil, p. 182.

la hauteur de la chute, le poids des billes et la distance à laquelle se trouve le sujet. Ici Fechner, Volkmann et Heidenhain, 3 personnes en tout, ont servi de sujets.

J'ai employé un dispositif analogue pour mes recherches sur l'asymétrie, et bien que j'aie pris des précautions multiples dont la principale fût d'enfermer les appareils dans des caisses matelassées, reliées par un porte-voix à l'oreille des sujets, précautions que Fechner semble avoir négligées, il m'a été extrêmement difficile de produire des sons absolument égaux comme timbre. Pour éliminer l'action perturbatrice de cet élément il m'a fallu faire un très grand nombre d'expériences en changeant systématiquement l'ordre des stimulations : faisant tomber la boule A d'abord, puis la boule B, ensuite la boule B la première, puis la boule A, variant le plus souvent possible. Cette difficulté Fechner n'en fait pas même mention. En outre, quand on s'en rapporte aux notes de Volkmann, on constate que la précision fut loin d'être atteinte dans les détails. Volkmann nous apprend que les boules en acier sont tenues entre le pouce et l'index du sujet, lequel les fait tomber en écartant les doigts. Le sujet desserre les doigts tantôt plus vivement, tantôt plus mollement. Pour éviter cet inconvénient, j'ai employé un dispositif spécial, un courant électrique faisant s'écarter les branches d'une pince métallique qui retenait la bille ; on assurait ainsi la parfaite égalité des conditions dans lesquelles s'accomplit la chute. Fechner a négligé ces précautions.

Les expériences ont prouvé, dit Volkmann, que Heidenhain et moi pouvons avec sûreté distinguer les sons qui diffèrent comme 3 et 4. Fechner au contraire se trompait souvent quand les sons différaient dans ces mêmes proportions et chez lui l'exercice, l'entraînement avaient une influence évidente : à la fin des longues séries d'expériences il jugeait presque toujours exacte- ment, au début des séries, avec bien entendu les mêmes différences entre les sons produits, le nombre d'erreurs qu'il commettait était de $\frac{1}{3}$ environ.

Cette note nous apprend en passant, que les expé- riences sur les sensations auditives ont été faites sur trois sujets dont l'un était l'auteur même et les deux autres des confidents parfaitement au courant de ses idées et du but qu'il poursuivait.

Pour les sensations lumineuses enfin, Fechner a fait plusieurs expériences portant sur trois ou quatre sujets.

La première consistait à fixer dans le ciel deux nuages juste assez différemment éclairés pour être distingués l'un de l'autre. Cet essai était fait d'abord en regardant directement, puis en plaçant devant les yeux des lunettes qui diminuaient la lumière de $\frac{2}{3}$; enfin avec des lunettes diminuant la lumière de $\frac{6}{7}$. Dans le second cas donc, l'éclairage absolu était réduit à $\frac{1}{3}$, et dans le troisième cas à $\frac{1}{7}$. Puis on faisait les expériences en sens inverse ; d'abord avec les lunettes les plus noires, enfin sans lunettes. Or, chez les divers sujets : Fechner lui-même, Volkmann, Rüte et Hankel, on constate qu'avec un éclairage moindre, et notablement moindre, l'œil (car il a expérimenté en regardant tantôt avec un œil, tantôt avec les deux yeux à la fois) perçoit les différences *au moins* aussi bien. Cet *au moins* qu'il répète encore plus loin, ferait croire que l'œil distingue presque mieux les différences entre les lumières peu intenses qu'entre les autres!

La seconde expérience consiste, non plus à comparer des lumières d'intensité différentes, mais les ombres les plus faibles que l'on puisse distinguer, et cela d'abord en regardant directement, puis à travers les lunettes dont j'ai parlé.

Les expériences et les contre-expériences ont donné des résultats analogues à ceux des recherches précédentes. Fechner va jusqu'à affirmer qu'avec des verres qui, il l'a mesuré, ne laissent passer qu'une lumière 100 fois moindre, il distingue les ombres aussi bien que lorsqu'il les compare sans lunettes.

La troisième expérience a été faite par Volkmann et quelques autres sujets ; elle rappelle celle de Bouguer rapportée plus haut. Une règle éclairée par deux lumières projette deux ombres inégales proportionnelles à l'éloignement de chacune de ces lumières. L'une des deux lumières étant fixe on écarte l'autre jusqu'au moment précis où la deuxième ombre cesse d'être perceptible. Pour Volkmann ce résultat fut atteint quand la deuxième lumière était juste 10 fois plus distante du tableau que la première. Donc il distinguait une différence de $\frac{1}{100}$. Alors on faisait varier l'éloignement de la première lumière, on la plaçait à une distance double par exemple et on l'y maintenait fixe. En cherchant le même rapport que précédemment entre les ombres, il fallait, si la loi de Weber est exacte, trouver une distance proportionnelle, la même entre les deux lumières. On a fait varier les distances fixes de 0,36, à 1,00, à 2,25, à 7,71, jusqu'à 38,79 (1). Pour la première distance faible 0,36, le rapport s'est trouvé être moindre que $\frac{1}{10}$, mais dans toutes les autres mensurations, cette distance était pour la lumière mobile 10 fois celle de la lumière fixe. N'oublions pas que les sujets sont prévenus, savent à quel résultat ils doivent aboutir. Ici surtout on aimerait voir contrôler la valeur des réponses obtenues en intercalant entre les stimulations à comparer, ce que nous appelons des épreuves négatives, consistant à montrer de temps en temps, sur des écrans, l'ombre fixe seule.

Se basant sur les résultats de ces expériences, rapprochés des conclusions de Bouguer et de Masson, et s'appuyant d'ailleurs sur le classement des étoiles, Fechner croit pouvoir affirmer que pour les sensations de lumière, la loi de Weber se vérifie complètement.

Résumons en deux mots les résultats des expériences de Fechner. Pour les perceptions des longueurs par la vue ou le toucher, Fechner lui-même admet que la loi de Weber se vérifie à peu près.

Pour les sensations de température, la loi de Weber paraît vraisemblable dans certaines limites, mais non prouvée.

Pour les sensations de poids, malgré son explication peu claire sur le rôle perturbateur indéterminé que

_____

(1) *Elemente*, erste Theil, p. 149.

joue le poids propre du bras, les chiffres contredisent plutôt la loi de Weber.

Pour les sensations de son, en ce qui concerne la hauteur, il n'apporte rien de nouveau, et quant à l'intensité, 3 sujets ont eu l'impression de distinguer également bien des sons entendus à trois distances faiblement différentes (6, 12 et 18 pas). Enfin pour les sensations de lumière, 4 sujets regardant avec ou sans lunettes des objets inégalement éclairés ont cru les distinguer au moins aussi nettement quand ils étaient sombres que quand ils étaient clairs.

Dans leur ensemble, ces expériences, tant celles de Weber, de Masson et d'autres, que celles de Fechner lui-même, sont absolument insuffisantes pour établir une relation précise entre la sensation et l'excitation, beaucoup moins encore entre la matière et l'esprit, le corps et l'âme. D'abord les résultats sont beaucoup trop différents les uns des autres ; voyez, par exemple, la sensibilité aux poids chez les 10 sujets étudiés par E.-H. Weber. Puis le dispositif expérimental n'est ni assez précis, ni surtout assez exactement déterminé ; ainsi, la distance à laquelle se trouve le sujet qui écoute, est exprimée en pas, alors qu'il faudrait connaître non la position générale de l'homme qui écoute, mais l'intervalle exact qui sépare de la plaque vibrante, la membrane de son tympan. En troisième lieu, le degré de vérité objective des réponses données par les divers sujets, n'a jamais été contrôlé par des expériences avec stimulations nulles ou négatives. En quatrième lieu, on n'a ni vérifié ni mesuré l'attention des sujets, partant il a été impossible dans ces nombreuses expériences de séparer le bon grain de l'ivraie, les mensurations exactes d'avec celles qui le sont moins. Enfin, et surtout, ces diverses recherches ont toutes été faites avec un nombre de sujets absolument dérisoire, une douzaine au plus, quelquefois un seul, généralement trois ou quatre parmi lesquels l'auteur lui-même et ses amis.

Enfin, tous les résultats obtenus dans de pareilles condtions sont en somme contraires à la loi de Weber.

« Si, dit M. Foucault (1), on considère les résultats bruts des expériences on trouve la plupart du temps quela loi de Weber ne se vérifie pas, ou ne se vérifie que dans des limites étroites ; on s'étonne alors de l'obstination qu'apporte Fechner à travailler les résultat et à introduire correction sur correction pour trouver quand même une vérification de la loi ; et l'on est tenté de croire que dans ces conditions la vérification devient précaire.

« Mais il faut remarquer que Fechner se propose de mesurer la faculté de percevoir en éliminant toutes les influences qui peuvent en modifier l'usage : c'est la pure faculté de sentir qu'il cherche à atteindre, débarrasée et comme délivrée des entraves et des auxiliaires qui lui imposent les conditions concrètes dans lesquelles elle s'exerce. C'est à cette sensibilité abstraite que s'appliquerait la loi de Weber. La loi de Weber, telle qu'la conçoit Fechner, serait donc une loi profonde réliant les rapports de l'esprit avec les choses, dans le cas simple, idéal, où l'esprit se trouverait face à face

____

(1) *Op. cit.*, p. 86 et 87.

avec les choses, sans intermédiaire autre que l'organe
sensoriel et l'appareil nerveux qui s'y rattache fonction-
nant d'une manière uniforme. Quant aux limites de la
loi et aux complications qui interviennent de toutes
parts et dans tous les genres de sensations, Fechner
les regarde comme d'importance secondaire par rapport au but qu'il se propose : il les considère comme
intéressant l'analyse des conditions concrètes de la
perception, mais non la psychophysique telle qu'il
l'entend, c'est-à-dire « la science exacte des rapports
de l'âme et du corps ».

Il faut en effet admettre, chez Fechner, une préoccupation métaphysique prédominante, une sorte de
parti pris pour comprendre qu'un physicien se contente
de pareilles données expérimentales pour établir une
loi aussi générale et aussi importante que la loi
psychophysique.

Un dernier mot à propos des recherches expérimentales de Fechner. J'ai dit plus haut que le contrôle
de ses méthodes est peut-être la meilleure part de son
œuvre expérimentale, il y a dans cette œuvre une
autre partie fort intéressante et dont, de nos jours
encore, on apprécie la valeur ; c'est la recherche de ce
que Fechner a appelé le seuil de la sensation ou, si l'on
veut, la plus faible stimulation perceptible.

Il y a en fait deux seuils de la sensation, le premier,
seuil tout court, c'est comme je viens de dire la vibration
sonore la plus faible, qui puisse, par le nerf acoustique,
apporter une modification consciente dans le lobe
temporal, le poids le plus léger qui soit capable, à
travers les nerfs du toucher, de se convertir en image

cérébrale dans l'écorce du lobe pariétal, etc. Il y a un autre seuil appelé seuil différentiel, c'est-à-dire la plus petite différence perceptible entre deux ou plusieurs stimulations. C'est en fait sur ces seuils différentiels qu'ont porté tous les travaux que j'ai analysés.

Le seuil proprement dit a aussi été mesuré par Fechner. Les expériences qu'il a faites dans ce but n'ont ni plus ni moins de valeur que celles que j'ai rapportées. Elles ont été effectuées dans les mêmes conditions médiocres au point de vue technique, comme au point de vue psychologique proprement dit.

E.-H. Weber dans son meilleur travail a cherché le seuil des sensations du toucher, pour les diverses régions de la peau et des muqueuses qui avoisinent la peau. Fechner a recherché les seuils pour la vision, l'audition, etc.

D'ailleurs, ici comme partout, il a eu le tort de croire que l'on peut déterminer ou exprimer par des chiffres les seuils uniformes des divers organes des sens, pour tous les hommes.

Malgré tout, ses travaux sur les seuils ont attiré l'attention des expérimentateurs sur une question très importante, ils ont ouvert une voie.

§ II. — *Les controverses provoquées par l'œuvre de Fechner.*

La publication de l'œuvre de Fechner, produisit une immense impression ; la découverte d'une loi exprimant les rapports exacts entre l'esprit et la matière, eut un énorme retentissement dans le monde philosophique et scientifique. Fechner jouit, pendant quelques années, d'une gloire universelle, il avait arraché à la métaphysique une nouvelle province de son antique domaine, et quelle province, celle qui semblait à jamais devoir demeurer intacte, à l'abri des tentatives de mensurations précises, inaccessible aux méthodes scientifiques.

Par un côté, du moins il le croyait, on pouvait mesurer les modifications de l'âme, traduire en chiffres les sensations. Malheureusement, si le mouvement commencé avec Fechner, constituait un progrès très réel, il s'en fallait qu'au début, l'œuvre entreprise eut une valeur indiscutable. Les travaux de Fechner furent critiqués, non seulement par les philosophes, mais par des mathématiciens et des psysiologistes, et ce furent ceux-ci qui portèrent à la loi psychophysique les coups les plus sensibles. Il n'entre pas dans mon plan de travail de passer en revue, ni même de résumer les diverses critiques produites contre l'œuvre du physicien de Leipzig, ce travail a été fait et admirablement fait par Delbœuf, et par MM. Ribot et Foucault. Je veux, me plaçant au point de vue expérimental, analyser les travaux entrepris pour démolir la base même de la loi de Fechner, les données tirées par lui des expériences de Weber, de Masson, de Bouguer et de ses propres recherches expérimentales.

Deux savants surtout ont attaqué les expériences sur lesquelles s'appuie Fechner : ce sont Hering et Delbœuf. Le premier, physiologiste de renom, ancien élève de Weber, dans une séance mémorable de l'Académie de Vienne (9 décembre 1875), fait un discours sur la loi

de Fechner ; la soumet, cette loi, « à une critique ingénieuse, pénétrante, implacable, l'examine dans sa base
expérimentale, dans sa portée psychologique, et la
réduit à néant ou peu s'en faut (1) ».

Le second, tenant compte des critiques présentées
notamment par Hering, découvre à son tour dans la
loi de Fechner des inexactitudes, essaie plutôt de
corriger et d'interprêter l'œuvre du maître ; il croit, du
moins il croyait en 1883, que la loi psychophysique
n'est pas essentiellement fausse « que l'on peut l'accep-
ter provisoirement du moins, que l'avenir ne la con-
damnera pas mais la transformera ».

A côté de Hering et de Delbœuf de très nombreux
adversaires, plus ou moins agressifs, se dressèrent
contre l'œuvre du physicien devenu psychologue
illustre.

Lui ne s'émut pas outre mesure de ces attaques
innombrables, riposta avec une inlassable énergie,
répondit à tous les arguments qu'on lui opposait.

Innombrables ces objections ! Les principales se
rapportent au côté mathématique de la loi psychophysique. Non seulement on contesta l'exactitude de sa
formule générale, mais on alla jusqu'à prétendre que
cette formule même était un non-sens, car des deux
quantités que l'on compare dans la loi logarithmique,
l'exitation en est bien une, mais la sensation pas. La
discussion sur la façon arbitraire dont Fechner pose le
zéro de la sensation, sa distinction des sensations en

____

(1) Delbœuf, *Examen critique de la loi psychophysique*, Paris,
Germer-Baillière, 1883.

positives et affirmatives, etc., ont donné lieu à des controverses extrêmement intéressantes. On a attaqué la loi de Fechner au point de vue logique par réduction à l'absurde. Hering, entre autres, fait observer que si l'âme ne perçoit que les rapports entre les excitations, on aboutit à des conclusions au moins bizarres. Supposons, en effet, que deux lignes de 50 millimètres et de 50 centimètres croissent en même temps par *minima perceptibles* de manière à atteindre, l'une 100 millimètres et l'autre 100 centimètres. Le nombre de ces agrandissements successifs sera le même de part et d'autre ; d'après Fechner, les accroissements de sensation correspondants seront tous égaux, de manière qu'au total, les deux sensations se seront élevées de la même quantité ; de sorte que les 50 millimètres en plus d'un côté et les 50 centimètres en plus de l'autre, feraient sur l'âme le même effet (1)! et encore : « Chacun de nous, dit-il, est plus ou moins en état de lancer un caillou à une distance donnée et sait proportionner son effort au poids de ce caillou. Si ce poids du caillou ne fait sur l'âme qu'une impression proportionnelle à son logarithme, tandis que la dépense de force musculaire est proportionnelle au nombre, il faut donc admettre qu'il y a une loi logarithmique inverse qui relie la sensation à la volonté, ou plutôt la volonté à l'action musculaire, en ce sens que la volonté croîtrait suivant les logarithmes et la force suivant les nombres (2). »

Passons aux objections plus sérieuses faites aux conclusions tirées des expériences.

---

(1) J. Delbœuf, *op. cit.*, p. 11.
(2) *Id.*, p. 16.

Hering conteste tout d'abord le droit de déduire
une loi générale concernant toutes les sensations, alors
que pour divers organes des sens on ignore si la loi
s'applique ou ne s'applique pas ; en effet l'odorat n'a
pas même été étudié, quant au goût il semble que ce
soit plutôt le contraire de la loi de Weber qui s'observe.
Pour ce qui concerne la température le fondateur de la
psychophysique avoue qu'on ne peut encore trancher
la question.

Pour les sensations de poids, Hering, non seulement conteste les conclusions de Fechner, mais il tente
de démontrer expérimentalement leur fausseté. Il
charge deux étudiants en médecine MM. Biedermann
et Löwit de refaire les expériences de Fechner.

Voici les résultats d'une première série de pesées
faites avec 11 poids variant de 250 grammes ; le plus
faible pesant 250 grammes, le second 500, le troisième
750, etc., jusqu'à 2750 grammes. Or, pour produire
une différence perceptible il faudrait, d'après Weber
et Fechner, un poids additionnel, croissant depuis le
poids de 250 jusqu'à celui de 2750 et ce poids croissant
devrait être toujours la même fraction du poids principal, 250 jusqu'à 2750. Les expériences faites par
MM. Biedermann et Löwit donnent des rapports très
différents. En effet les fractions diminuent depuis
$\frac{1}{21}$ jusqu'à $\frac{1}{114}$ pour remonter après.

Voici la série complète de ces rapports qui
devraient être sensiblement égaux :

$$\frac{1}{21},\ \frac{1}{38},\ \frac{1}{58},\ \frac{1}{67},\ \frac{1}{78},\ \frac{1}{88},\ \frac{1}{92},\ \frac{1}{100},\ \frac{1}{114},\ \frac{1}{98}.$$

Il est vrai que d'après Fechner il faudrait tenir

compte du poids du bras ; ce poids étant évalué d'après une certaine moyenne, on semble dans ces expériences-ci au moins ne pas être trop en contradiction avec le loi logarithmique (1). Seulement Hering a voulu montrer expérimentalement que l'action perturbatrice du poids du bras n'intervient pas autant que Fechner le prétend. En conséquence MM. Biedermann et Löwit ont fait une autre série de pesées avec des poids croissant depuis 10 grammes jusqu'a 500 grammes. L'action perturbatrice du poids du bras, lequel vaut 1750 grammes d'après Hering et 2273 d'après Fechner, ne peut avoir d'influence beaucoup plus sensible sur les divers poids tous faibles qui composent cette série. Or, voici les rapports que l'on a obtenus dans ces recherches : $\frac{1}{14}$, $\frac{1}{29}$, $\frac{1}{42}$, $\frac{1}{56}$, $\frac{1}{65}$, $\frac{1}{77}$, $\frac{1}{69}$, $\frac{1}{20}$. Il est clair d'après ces chiffres que chez les deux sujets observés, la fraction diminue jusqu'à un certain maximum, et remonte après. Delbœuf, qui cite ces expériences, ajoute qu'il a toujours soupçonné la loi de Weber de n'être pas applicable dans une bien large mesure aux sensations dites de poids. Plus un homme est chargé plus il est sensible, dans un certain sens, à un léger accroissement de charge.

« Je me rappelle maints voyages en Suisse et d'autres pays de montagnes, faits, sac au dos, avec des compagnons de route, alertes et robustes. Il y avait pour tous un certain poids du sac au delà duquel commençait la gêne. On échangeait les sacs pour

_____

(1) Fechner montre que lorsqu'on évalue ce poids à 2273 grammes la fraction est à peu près constante.

quelques instants et on les comparait, ces comparaisons aboutissaient généralement à des réformes. L'un supprimait une chemise l'autre une fiole, un autre une pierre plus ou moins curieuse recueillie sur la route. Instruit par l'expérience, dans l'un des derniers voyages on porta son attention sur le poids des sacs vides, et tel se félicitait de posséder un sac plus léger de 200 grammes que les autres. Et que peuvent faire en apparence 200 grammes de plus ou de moins sur un poids de sept kilogrammes environ (1)? »

Pour les sensations de lumière, Hering et Delbœuf ont fait l'un et l'autre des observations très importantes qui permettent de donner des faits une interprétation tout à fait différente de celle que propose Fechner. Je résume en abrégeant : L'œil distingue le mieux les différences d'éclairage lorsque la lumière est d'intensité moyenne. Il est aussi fatigant de lire son journal à une lumière aveuglante que dans une demi-obscurité, on choisit d'instinct un éclairage intermédiaire et quand la source lumineuse dont nous nous servons est trop intense ou trop faible, nous avons dans les parties accessoires de l'organe de la vision un ensemble d'appareils pouvant graduer, augmenter ou diminuer la quantité de lumière tombant sur la rétine. Les paupières, les cils, et surtout les muscles de la couronne ciliaire qui agrandissent ou rétrécissent le trou de la pupille interviennent continuellement. Chacun sait que lorsque l'œil se tourne du côté de la lumière, la pupille se resserre, en proportion de l'intensité de cette lumière,

---

(1) Delbœuf, *op. cit.*, p. 25 et 26.

et que lorsque l'œil se tourne au contraire vers un fond obscur, le trou de la pupille s'élargit en proportion de l'épaisseur de l'ombre. Ce sont là les grands mouvements de l'iris, ceux que tout le monde perçoit, il en est d'autres plus faibles mais tout aussi réels, des variations imperceptibles qui se produisent chaque fois que l'œil fixe un fond de couleur plus ou moins clair que celui qu'il vient de considérer. En fait la quantité de lumière admise dans l'œil varie très peu, et pas du tout en proportion des changements d'intensité des objets éclairés. Si donc la loi de Fechner semble vraie parce qu'entre une lumière de 100 bougies et une autre de 101 bougies nous percevons une différence sensiblement la même que celle que nous percevons quand nous comparons 200 bougies à 202 bougies, ce n'est pas du tout parce que la rétine perçoit toujours $\frac{1}{100}$ de la sensation forte primitive, mais parce que, sentant le $\frac{1}{100}$ de 100, l'œil réduit *réellement* à la valeur de l'éclairage de 100 les lumières d'intensité doubles, triples, etc., et partant, lorsque l'œil se trouve devant le rapport 200 à 202, et 300 à 303, la rétine, elle, se trouve en réalité devant les mêmes ébranlements que ceux que causaient les lumières 100 et 101 admises dans l'œil sans être diminuées.

Cette faculté de graduer la quantité de lumière admise dans l'œil n'a, que je sache, été mesurée par personne et les chiffres que je cite ne servent que d'exemples arbitrairement choisis.

Delbœuf admet que si « on imagine trois anneaux concentriques contigus dont les teintes claires sont choisies de telle façon que pour un éclairage donné, par exemple celui d'une bougie placée à 25 centimètres de distance, la teinte moyennne ·et intermédiaire paraisse pour l'éclat également éloignée de la plus claire et de la plus sombre ; si on éloigne la bougie, cette teinte cesse d'être intermédiaire entre les deux autres et se rapproche de la plus sombre ; si l'on augmente l'éclairage », cette teinte se rapprochera de la plus claire. La loi n'est donc pas applicable aux limites extrêmes (1).

Enfin, même pour les sensations auditives, Hering conteste les conclusions de Fechner, non seulement quant à l'intensité des sons mais encore quant à la différence de hauteur. « Pour prouver que la loi logarithmique ne peut intervenir dans les phénomènes d'intensité, il a recours à-un argument extrêmement fin et judicieux. Le timbre, dit-il, est dû, ainsi que l'a démontré Helmholtz, à la combinaison avec la note fondamentale des notes consonnantes vibrant avec certaines intensités relatives. Or, si les intensités des sons perçus suivaient une loi logarithmique, si, lorsqu'elles augmentent, les sensations correspondantes croissaient de moins en moins vite, le timbre d'un instrument varierait pour notre oreille dans les *forte* ou les *pianos*, dans l'éloignement ou le voisinage (2). »

Somme toute, Hering a raison de dire que les expériences qui devraient servir de confirmation à la

---

(1) Cité par M. Ribot, *La psychologie allemande contemporaine*, 6ᵉ édit., Paris, Félix Alcan, 1905, p. 194.

(2) Delbœuf, *op cit.*, p. 20.

loi psychophysique sont absolument insuffisantes, et Delbœuf lui-même paraît fortement hésitant sur la valeur réelle de l'œuvre de Fechner. Plus tard il l'a jugée avec beaucoup moins d'indulgence. De la dernière lettre qu'il m'a écrite j'extrais ce passage : « Vous êtes sévère pour la loi psychophysique, vous avez raison. Sauf pour les sensations de lumière et de sons, c'est une fantasmagorie. »

Fechner, comme je l'ai dit plus haut, ne fut point découragé par les multiples critiques adressées à son œuvre. Il riposta à tous ses adversaires avec une magnifique confiance.

Sa conclusion, dit M. Ribot, « ne manque pas de grandeur. La tour de Babel ne s'acheva pas, parce que les ouvriers ne purent s'entendre sur la manière de la démolir (1) ».

§ III. — *Les corrections et les reconstructions de la Psychophysique.*

Si séduisante avait apparu l'évolution provoquée en Psychologie par les travaux de Fechner, que longtemps après lui des savants, dont quelques-uns illustres, tentèrent de sauver l'œuvre du physicien de Leipzig ; les uns proposant des corrections ingénieuses qui rendraient la formule psychologique vraisemblable, les autres se basant sur des conceptions un peu différentes, essayant d'édifier à nouveau le monument que Fechner avait cru indestructible.

---

(1) M. Ribot, *op. cit.*, p. 207.

Si Hering et Delbœuf ont, en partie, démoli l'œuvre de Fechner, cela ne prouve pas qu'ils nièrent la possibilité de faire une psychophysique; et d'autres savants, contemporains de Fechner, tout en combattant ses conclusions ne doutèrent pas qu'il fût possible d'établir une science des rapports exacts entre l'âme et le corps.

L'illustre Helmholtz s'est occupé de mesurer les sensations lumineuses, il a complété les recherches de ses prédécesseurs sur le rôle joué dans les perceptions par la lumière propre de l'œil et modifié légèrement la formule de Fechner ; puis il a mis en relief les variations de la sensibilité, laquelle atteint son maximum pour une lumière d'intensité moyenne et diminue quand l'éclairage augmente.

L'illustre physicien belge, Joseph Plateau, s'est occupé également des sensations de lumière ; en mesurant celles-ci suivant une méthode que Delbœuf appelle méthode des contrastes égaux (1). Cette méthode peut s'appliquer à l'étude de toutes les sensations : Etant données deux couleurs plus ou moins saturées, deux odeurs, deux sons, trouver un troisième terme, nuance, odeur ou son qui soit exactement intermédiaire, c'est-à-dire aussi nettement distingué du supérieur que de l'inférieur. De ses recherches Plateau avait déduit une formule nouvelle. Mais quand plus tard les expériences en eurent montré l'inexactitude, Plateau se hâta d'abandonner sa formule.

Delbœuf a cru sauver la psychophysique en introduisant, à côté de la sensation, une autre loi, celle

---

(1) Voyez M. Foucault, *op. cit.*, p. 189 et suiv.

de la fatigue et de l'épuisement (1). Il a corrigé la formule de Fechner, fait diverses expériences sur les sensations de lumière notamment, et proposé, pour expliquer les faits, une triple loi : la loi de progression, la loi de dégradation, la loi de tension.

La première de ces lois est au fond celle de Weber, elle exprime que les accroissements successifs de stimulations doivent, pour être perçus égaux, devenir réellement toujours de plus en plus forts. L'exemple que donne Delbœuf pour illustrer sa pensée est fort bien choisi : supposons les deux mains d'un sujet plongées dans deux vases contenant de l'eau à la température de ces deux mains ; admettons arbitrairement que cette température soit 25° centigrades. (On suppose, ce qui est en fait inexact, mais importe peu ici, que les deux mains sont également sensibles au chaud et au froid.) Les mains étant immergées dans l'eau à 25°, le sujet ne percevra pas de sensation de température. Chauffons graduellement l'eau d'un des vases, il arrivera un moment où la différence deviendra sensible. Soit 5° cette différence. Si maintenant on porte la température des deux vases à 30°, le sujet dont les deux mains seront devenues également plus chaudes ne percevra plus de sensation de température. On chauffe de nouveau l'eau d'un des vases jusqu'à sensation de différence. Si tantôt il a fallu augmenter de 5 degrés, c'est-à-dire $\frac{1}{5}$, la température primitive pour déterminer une sensation de différence, il faudra, cette fois-ci,

---

(1) Voyez M. Foucault, *op. cit.*, p. 197.

produire une augmentation de $\frac{1}{5}$ encore, le cinquième de 30 soit 6 degrés. Et si, les deux vases étant portés à 36 degrés, on veut produire dans l'une des mains une nouvelle sensation de différence il faudra encore augmenter la température du $\frac{1}{5}$ de 36.

Les nerfs stimulés par un excitant quelconque s'accommodent à cette stimulation et la valeur du minimum de différence perceptible va fatalement en augmentant à mesure que la stimulation précédente a été elle-même plus intense.

Considérons l'expérience précédente : une main seule plongée dans l'eau à 25° n'éprouve pas de sensation de température ; si l'on chauffe l'eau du vase où elle plonge, jusqu'à 30°, la main perçoit un accroissement de chaleur, mais au bout d'un temps plus ou moins long, pendant lequel elle-même s'échauffe plus ou moins vite, elle a pris la température du liquide environnant, elle a donc progressivement senti de moins en moins jusqu'au moment où, étant elle-même portée à 30°, la sensation de température est devenue égale à zéro. « C'est là le fait de la *loi de dégradation* de la sensation, phénomène analogue à la déperdition de calorique subi par un corps chaud dans un milieu plus froid (1). »

Reprenons l'exemple précédent. Si on continue à augmenter successivement la température de l'eau des vases où plongent les mains, il arrivera un moment où le sujet éprouvera non plus seulement des sensations

____

(1) Delbœuf, *op. cit.*, p. 143.

de température, mais en outre de la gêne, voire de la douleur. La douleur intervenant, la sensibilité s'altère ; il faut, pour que les différences soient jugées égales, accentuer celles-ci toujours davantage.

Cette altération se manifeste quand on stimule l'organe des sens d'une façon excessive qui pourrait aller jusqu'à le détruire, de là le nom de loi de *tension* imaginée par Delbœuf : les nerfs sont comme des ressorts tendus à se briser.

Les expériences imaginées par Delbœuf, au moyen d'anneaux gris sériés, montrent le rôle que jouent ces lois dans nos appréciations des intensités lumineuses (1).

Le fondateur de la Psychophysiologie, M. W. Wundt et plusieurs de ses élèves se sont occupés à leur tour de la loi psychophysique. Comme je consacre plus loin une étude spéciale aux travaux de l'école de Leipzig et à l'œuvre des laboratoires de psychophysiologie, quoique l'œuvre de M. Wundt touche par plusieurs endroits à celle de Fechner, je n'en parlerai pas ici. Je me contenterai de dire que le fondateur du premier laboratoire de psychologie interprète à sa façon la loi de Weber. Pour lui les stimulations provoquent dans les nerfs d'abord un courant d'intensité proportionnelle à leur intensité propre ; ce courant produit au cerveau une excitation proportionnelle, à condition qu'il ne soit lui-même ni trop fort ni trop faible, la stimulation cérébrale produit une stimulation d'intensité correspondante, enfin la conscience compare

____

(1) Delbœuf, *op. cit.*, p. 147.

cette sensation avec d'autres sensations également conscientes. C'est là dans la conscience que s'applique la loi de Weber. Quant à la loi logarithmique, elle relie la stimulation extérieure produite sur l'organe sensoriel à la sensation perçue et appréciée dans la conscience.

Se basant sur ces idées du maître, M. Merkel a fait un long et minutieux travail de recherches dont les résultats ont été publiés dans les *Philosophische Studien* (1).

M. Merkel a fait des mensurations d'après trois méthodes : les méthodes des différences juste perceptibles, des excitations doubles et des différences égales ; cette dernière avait été employée par J. Plateau. Ses expériences ont porté sur les sensations de lumière, de pression et de son. « D'une manière générale, lorsque les expériences portent sur des différences un peu étendues, l'excitation moyenne est intermédiaire entre la moyenne géométrique et la moyenne arithmétique, mais elle est, en général, beaucoup plus voisine de la moyenne arithmétique (2). »

Un certain nombre de psychologues ont tenté d'expliquer la loi de Weber, d'une autre façon que Fechner, au moyen des théories plus ou moins fondées en partie sur les faits, en partie sur les observations psychologiques.

J'en citerai quelques-unes.

D'abord un certain nombre de savants ont voulu substituer aux mesures d'intensité des sensations,

---

(1) *Philosophische Studien*, vol. IV et V.
(2) M. Foucault, *op. cit.*, p. 226.

c'est-à-dire à des différences quantitatives, les mesures de ressemblance ou de différence des sensations ; c'est-à-dire des différences qualitatives. C'est ainsi que Boas parle de la parenté plus ou moins étroite entre les sensations, que Stumpf parle de la distance qui sépare les sensations, ces distances plus ou moins grandes sont des distances non seulement dans le temps et l'espace mais encore dans la qualité et l'intensité, ce sont des degrés de dissemblance ; pour lui la loi logarithmique serait une loi des distances de sensations (1).

M. Ebbinghaus n'admet pas que les sensations soient des quantités, que la sensation lumineuse produite par 10 bougies, par exemple, soit contenue un certain nombre de fois dans celle que l'on produit au moyen d'un éclairage décuple. Si nous disons que la sensation produite par 101 bougies vaut dix fois celle produite par 10 bougies, ce n'est pas que nous comparions quantitativement nos deux sensations, c'est parce que nous avons des idées relatives aux causes extérieures habituelles qui produisent nos sensations lumineuses plus ou moins intenses. Les sensations comparées entre elles ne sont pas perçues comme quantitativement différentes, mais elles apparaissent comme plus ou moins dissemblables. M. Ebbinghaus, à l'encontre de Fechner, considère la loi du seuil comme tout à fait indépendante de la loi logarithmique. Il n'est, d'après lui, légitime que de mesurer les sensations de différence.

---

(1) M. Foucault, *op. cit.*, p. 243.

M. Stumpf, en entreprenant de mesurer ce qu'il appelle la *sûreté des jugements sensoriels* a donné à la psychologie une orientation originale. C'est une sorte de reconstruction d'autant plus intéressante qu'elle marque la transition vers les méthodes de la psychologie expérimentale.

M. Stumpf distingue naturellement la sûreté subjective de nos jugements, de leur sûreté objective, cette dernière étant l'équation entre les jugements et la réalité objective qu'ils énoncent, or, cette sûreté peut être mesurée.

M. Stumpf partage en deux classes les jugements sensoriels ; les premiers dans lesquels la réponse possible est vraie ou fausse suivant les circonstances ; ainsi deux lumières étant perçues comme inégalement vives, on peut se tromper ou avoir raison en estimant la première plus intense que la seconde ; les seconds dans lesquels la réponse affirmative est fausse et la négative vraie dans tous les cas. Quand on présente au sujet des lumières d'intensité différente mais trop faibles pour être distinguées, il se trompera fatalement en les déclarant égales, et dira vrai en les estimant inégales. Ce qui mesurera la valeur de sa réponse c'est la valeur même de la différence réelle entre les deux lumières. Entre deux sujets dont l'un déclare inégales deux lumières de 10 et 13 bougies, égales celles de 10 et 12 bougies, et un second qui déclare inégales encore ces dernières et égales seulement celle de 10 et 11 bougies, le second a des jugements sensoriels plus sûrs que ceux du premier. La plus petite différence perceptible sert à mesurer la sûreté du jugement.

Ainsi M. Stumpf en arrive à se servir des méthodes psychophysiques, non plus pour mesurer les sensations, mais les facultés intellectuelles. Il est en fait un des précurseurs de la psychologie scientifique sous sa forme la plus moderne.

Un élève de M. Wundt, qui s'est fait une place un peu à part dans l'école de Leipzig, M. Münsterberg a imaginé à son tour de reconstruire la psychophysique, sur une base nouvelle. Il a vu que toutes les sensations aboutissent à une dernière forme, la même pour toutes : un contre-coup dans la musculature, une sensation musculaire. De toutes les tentatives entreprises pour comparer entre elles les sensations au point de vue quantitatif, celle-ci est selon moi la plus heureuse, et la mieux fondée. Si elle ne nous donne pas la précision que l'on voudrait obtenir, dans l'estimation de la valeur d'intensité des sensations, c'est parce qu'en réalité le problème poursuivi par les psychophysiciens est actuellement tout au moins, hors de la portée de nos moyens de mensuration.

M. Münsterberg admet qu'une sensation lumineuse, sonore, tactile, intense n'est pas le double, le triple d'une autre sensation faible, que par conséquent on ne peut mesurer ces sensations en unités de sensations. Toutefois il rappelle qu'à côté de la plupart des sensations visuelles, tactiles, et à la suite de toute sensation quelconque, il se produit dans la musculature une modification associée dans le premier cas, consécutive dans le second. Toute sensation est accompagnée ou suivie d'une sensation musculaire. Or, dit M. Münsterberg, les sensations musculaires à l'encontre des sensa-

tions lumineuses, sonores et autres sont quantitativement comparables, « la sensation musculaire faible est
contenue dans la sensation musculaire forte, et les deux
ne diffèrent pas l'une de l'autre qualitativement mais
par leur durée et leur étendue (1). » « La sensation de
mouvement quand le bras parcourt deux décimètres
en palpant un objet, n'est pas autre que quand il ne
parcourt qu'un décimètre, elle a seulement une durée
double, la deuxième sensation est donc, en fait, contenue deux fois dans la première (2) ». Enfin M. Münsterberg affirme que si sa théorie est juste : « deux paires
de sensations doivent pouvoir être comparées au point
de vue de la grandeur de leur différence même
lorsqu'elles appartiennent à des sens différents ». Il
me semble qu'on peut résumer les théories de M.
Münsterberg à peu près comme ceci.

Il est expérimentalement établi que toute sensation
quelconque a un certain pouvoir dynamogène, c'est-à-
dire modifie la tonicité de la musculature sur une
étendue plus ou moins considérable et avec une
intensité plus ou moins profonde.

Les expériences si instructives de M. Féré (3) ont
montré qu'un sujet mesurant sa force au dynamomètre, accuse un accroissement d'énergie musculaire
si on stimule sa rétine par une lumière bleue, par
exemple, que cet accroissement de force est plus
considérable après l'action d'une lumière jaune, et

---

(1) *Neue Grundleging der Psychophysik*, p. 30.
(2) *Id.*, p. 34.
(3) M. Féré, *Sensation et mouvement*, Paris, Alcan.

atteint son maximum sous l'influence d'une lumière rouge. De même, si le sujet est impressionné par un son musical correspondant à 300 vibrations, sa force au dynamomètre augmentera, elle s'accentuera encore si le nombre des vibrations monte à 400, 500, et sera beaucoup plus vive si ce nombre devient le double soit 600 vibrations, si la dernière note est à l'octave de la première. Voilà, semble-t-il, un moyen de mesurer au dynamomètre, donc objectivement, l'intensité de deux sensations sonores ou lumineuses, voire d'une sensation lumineuse et d'une sensation sonore. Mais il y a en outre une façon subjective de mesurer ces mêmes sensations musculaires ; nous avons conscience de nos variations de tonicité, de l'intensité de nos contractions. Quand nous comparons deux sensations musculaires entre elles, nous tenons, d'après M. Münsterberg, deux termes réellement comparables ne différant entre eux que par le plus ou moins. Il n'a pas employé le dispositif du dynamomètre comme M. Féré « si deux excitations lumineuses nous sont données, ayant entre elles un rapport déterminé d'intensité, et si nous tenons dans la main gauche un poids déterminé nous pouvons placer dans la main droite un poids que l'on fait croître ou diminuer jusqu'à ce que la différence entre les deux poids nous paraisse égale à la différence entre les deux excitations lumineuses (1) ». L'auteur a mesuré ainsi des différences d'intensité entre les sensations lumineuses et sonores.

---

(1) M. Münsterberg, *op. cit.*, p. 60 et 61, cité par M. Foucault, *op. cit.*, p. 264 et 265.

Constatons immédiatement qu'ici ce ne sont pas du tout les contre-coups dans la musculature, suite réflexe des sensations lumineuses et autres, que l'on compare ; ce sont d'autres sensations musculaires directement produites à côté des premières. M. Münsterberg fait convertir par le sujet des stimulations visuelles intenses en sensations musculaires intenses, des sensations visuelles faibles en sensations musculaires faibles. C'est là un procédé beaucoup moins sûr que celui qui consiste à comparer les contre-coups réflexes produits dans l'organisme par le jeu spontané des sensations elles-mêmes.

Que le lecteur ne s'imagine pas que même ce dernier mode opératoire résoudrait enfin la difficulté ; sans doute l'action produite dans la musculature ne résulte pas uniquement de la nature et de l'intensité de l'excitant extérieur, couleur, son, etc ; d'après le caractère, les tendances et les émotions du sujet, cette action est plus ou moins étendue et profonde ; on a démontré que l'action sur les muscles est une fonction de la quantité et de la qualité de la sensation qui la provoque ; on ignore jusqu'où elle est influencée, par les facteurs multiples dans les centres corticaux supérieurs amplifiant ou diminuant la sensation et comment l'œil de la conscience la déforme en la regardant.

CONCLUSION.

L'erreur fondamentale commise par tous les psychophysiciens et d'avoir cru que la sensation est quelque chose de relativement simple, le terminus d'une stimulation d'organe sensoriel. En réalité, la sensation lumineuse commencée par un ébranlement rétinien n'est, à son entrée dans l'écorce cérébrale, que la suite de cet ébranlement, mais là, en franchissant le seuil de la conscience, elle s'engage dans un milieu essentiellement complexe, encombré de souvenirs d'émotions, d'autres sensations venues de tous les points de l'organisme, et dans ce remous de mouvements innombrables autant que divers, la sensation simple est emportée, noyée, transformée en une sensation consciente infiniment complexe.

Vouloir par la détermination de l'excitant extérieur et du courant nerveux qui en résulte, mesurer la sensation élémentaire qui s'en dégage dans l'écorce cérébrale semble possible *a priori*, mais cette sensation élémentaire, fonction de la stimulation et du courant nerveux, n'est pas du tout celle que la conscience attribue à la commotion nerveuse venue du dehors. Deux sujets quelconques voient différemment la même et identique lumière; le savant la voit autrement que l'ignorant, le peintre mieux que le musicien, la femme nerveuse en est impressionnée plus que l'homme bien équilibré.

La sensation consciente telle qu'elle se forme dans le télencéphale, dans les centres d'association de Flechsig, est un complexus dont la sensation élémentaire formée dans les centres corticaux inférieurs, dans les centres de projection, n'est qu'une des composantes. Voilà pourquoi toute tentative de mensuration des sensations est actuellement impossible.

Que si nous essayons de dégager les caractères généraux de l'ensemble des recherches entreprises par Fechner et ceux qui l'ont suivi dans la voie qu'il a ouverte, aussi bien ceux qui l'ont combattu que ceux qui ont tenté de corriger ou de refaire son œuvre, nous constatons d'abord une préoccupation foncière théorique ou métaphysique. La psychologie quantitative dans sa forme primitive s'efforce de résoudre un problème de métaphysique, elle tente de dégager la loi fondamentale suivant laquelle l'esprit entre en relation avec la matière. Les mouvements du monde extérieur agissent sur l'âme en subissant une certaine réduction. Les psychophysiciens ont tenté de déterminer le quantum de cette réduction pour les diverses espèces de sensations.

Nous constatons en second lieu, chez tous les psychologues expérimentateus de cette première période, la préoccupation d'aboutir à une formule mathématique, uniforme. Les physiciens, les astronomes, les mathématiciens et même les physiologistes qui se sont occupés de psychophysique, appliquent à l'étude de l'activité humaine, les procédés usités en physique, ils semblent croire que les hommes ne sont que des reproductions, à peu près toutes les mêmes, d'un archétype construit lui-même d'après une formule exacte et chiffrable.

Leur préoccupation constante dans ces recherches où tout était à créer, c'est de rendre aussi égales que possible les conditions matérielles de leurs expériences, ce qui est bien; mais de négliger les précautions qui assurent l'égalité des conditions morales, les dispositions subjectives de ceux qu'ils observent, ce qui est mauvais.

C'est sans doute dans la conception de l'homme-machine généralement admise de leur temps, qu'il faut chercher encore la cause du troisième grand défaut de tous ces travaux, à savoir le nombre absolument insuffisant de sujets observés. Du moment qu'on se figure que tous les hommes sont à peu près les mêmes, il est inutile, semble-t-il, d'expérimenter sur plus de deux ou trois spécimens.

En résumé, technique expérimentale encore au début; conception absolument fausse de l'activité de l'être vivant, partant, expériences conduites sans souci suffisant des conditions subjectives des individus sur lesquels on expérimente; nombre dérisoire de sujets observés; et, par-dessus toutes ces conditions défectueuses, préoccupation d'atteindre un but hors de portée, voilà le bilan de la psychologie quantitative dans sa première phase.

Malgré tout, il reste à Fechner la gloire d'avoir créé un mouvement, appelé l'attention sur des questions d'importance capitale, perfectionné des méthodes, en un mot d'avoir été un initiateur.

CHAPITRE DEUXIÈME

LA PSYCHOPHYSIOLOGIE

—

Introduction.

Les tentatives de Fechner, de ses disciples et imitateurs n'ont donné que des résultats d'importance secondaire ; le problème tel que le posèrent les psychophysiciens est demeuré insoluble. A côté des chercheurs qui considéraient l'homme à peu près comme un instrument de physique, d'autres savants plus au courant des lois de l'organisme humain ont été amenés à étudier certains phénomènes conscients en relation directe ou indirecte avec des manifestations extérieures observables et mesurables. Helmholtz entre autres, a mesuré la vitessse des courants nerveux moteurs. Excitant un nerf tout près de sa terminaison dans le muscle, il notait le temps nécessaire pour produire une contraction ; puis posant l'excitant sur un bout plus éloigné du même nerf, constatait le retard de la contraction. Soustrayant le premier temps du second, il déterminait la durée du passage du courant nerveux, dans la partie de nerf comprise entre les deux points excités, et obtenait la vitesse du courant exprimée en mètres parcourus dans l'espace d'une seconde. D'autres physiologistes étudièrent la vitesse du courant nerveux dans les nerfs sensitifs et dans différentes parties des centres nerveux ; la vitesse d'un mouvement réflexe considéré dans son ensemble, c'est-à-dire depuis la stimulation extérieure jusqu'à la contraction musculaire finale, et enfin la durée d'un acte conscient tel que la contraction volontaire des muscles de la main, annonçant que le sujet a aperçu une lumière ou entendu un son. Dans cette durée totale ils cherchèrent à déterminer le temps propre de la phase consciente (1).

Ainsi de divers côtés les physiologistes entamèrent l'étude des questions psychologiques et parmi tous M. W. Wundt, médecin et philosophe, fondateur du premier laboratoire de psychologie, systématisa ce genre de recherches et fut le fondateur véritable d'une science que l'on a justement nommée psychologie physiologique ou psychophysiologie.

Quels sont les caractères propres de cette science nouvelle?

La psychologie ou l'étude des phénomènes conscients doit, d'après M. Wundt, être une science naturelle comme les autres branches de la biologie. On pourrait soutenir à la rigueur que déjà précédemment les phénomènes conscients ont été étudiés par la méthode des sciences naturelles, car tout comme le zoologue et le botaniste, le psychologue observe et classe les phénomènes à lui révélés comme distincts par l'introspection. Mais, dit M. Wundt, une science qui se borne uniquement à classifier, n'est pas une science; il faut pour qu'elle le devienne qu'elle donne

---

(1) Entre autres Exner. Experimentelle Untersuchungen der einfachsten psychischen Processe, 1873, *Pflüger Archiv.* Bd VII, p. 601-669.

l'explication des phénomènes observés, et la raison
des différences d'aspects qu'ils présentent.

Les phénomènes concients nous apparaissent différents, on peut les classer en quelques groupes caractéristiques : sentiments, idées, volitions, sensations,
souvenirs, etc. De là des classifications générales et
l'attribution de chacune de ces espèces de phénomènes
à des causes différentes, à des facultés, distinctes, de
l'âme. Or, pour comprendre la nature véritable des
phénomènes conscients et les lois auxquelles ils obéis-
sent, il convient de les étudier, non seulement sous
l'aspect final qu'ils prennent dans la conscience, mais
dans leur phase de devenir, sous la forme rudimentaire
et primitive qu'ils ont eue auparavant. L'inconscient
est le laboratoire obscur où se forment les modifications qui apparaissent en pleine clarté dans la
conscience. Ce laboratoire est-il accessible à nos
investigations? oui. Tout phénomène conscient a commencé par être un mouvement extérieur, lequel est lui-
même devenu courant nerveux, modification des
centres inférieurs et supérieurs; et tout phénomène
conscient finit par une modification centrale motrice, un
courant nerveux moteur et une contraction musculaire.

De la lumière qui ébranle notre rétine, des sons
qui font vibrer nos cellules acoustiques, des odeurs, des
saveurs, de la chaleur et du froid, de toute modification
quelconque qui secoue l'un ou l'autre de nos nerfs
sensitifs, nous faisons finalement une seule et unique
chose : des contractions musculaires (1).

______

(1) Voyez mon étude sur le 6ᵉ sens, *Causeries psychologiques*,
2ᵉ série. Paris, Alcan, 1906.

Et sans doute la phase consciente de ces séries d'ébranlements, qui passent des organes des sens aux membres, est fonction et du mouvement extérieur et du courant nerveux sensitif, celui-ci impressionné lui-même par les milieux déjà modifiés qu'il traverse ; mais en est-elle *uniquement* fonction ? La conscience ou mieux le milieu conscient, n'ajoute-t-il rien à l'ébranlement qui lui arrive filtré par les nerfs et les centres sensitifs ? Il est bien difficile de le croire, et c'est là en somme tout le problème psychologique.

Que si l'on admet que la phase consciente est fonction de la sensation et le mouvement fonction de la phase consciente, il semble facile de déterminer et de mesurer cette phase par ses deux bouts accessibles. C'est ce que M. Wundt a tenté de faire en analysant et mesurant les phénomènes extérieurs qui précèdent et suivent le processus psychique. En modifiant artificiellement et dans un sens donné les conditions qui provoquent une sensation, on arrive à mettre en lumière les causes qui développent cette sensation, à démêler ses éléments constitutifs, les raisons qui font qu'elle est de telle qualité ou de telle intensité. Proposons-nous, d'étudier les sensations de son. La conscience nous révèle une modification que l'expérience nous a fait attribuer à un ébranlement du nerf acoustique à la suite de certains mouvements vibratoires transmis par l'air à la membrane du tympan. Mais il y a des sensations de son que la conscience nous révèle forts, d'autres faibles, quelques uns agréables, quelques autres désagréables ou indifférents. Il en est qui passent à travers l'organisme sans se faire pour ainsi dire remarquer, d'autres qui provoquent une contraction énergique d'un grand nombre de muscles. Voilà des sensations de son fortes, faibles, riches, grêles, molles ou stimulantes apparaissant chacune à la conscience sous des aspects divers. Un psychologue observateur constatera ces différences et classera les sensations d'après leurs caractères apparents; il remarquera, peut-être, que tantôt elles n'intéressent qu'une faculté de l'âme, que d'autres fois elles mettent en jeu plusieurs de ces facultés.

L'expérimentateur ayant observé ces différents aspects recherchera les causes qui les déterminent et mesurera l'importance de chacune d'elles.

Et sans doute l'étude minutieuse de toutes les circonstances extérieures et intérieures qui précèdent ou suivent l'acte conscient donnera de celui-ci une compréhension plus claire et plus exacte; mais encore convient-il de remarquer que si, par ses extrémités accessibles, la modification est mesurée avec précision au moyen d'appareils délicats, la partie inaccessible, la phase consciente n'est point mesurée mais seulement *appréciée* par le sujet lui-même. Je puis déterminer avec exactitude la hauteur de chute d'un corps sonore, la valeur en bougies de l'excitant lumineux. Je ne puis qu'estimer l'intensité des sensations de son et de lumière qui envahissent la concience. Et le fait que cette estimation intervient dans la recherche des lois psychophysiologiques suffit pour atténuer la valeur vraiment scientifique de celles-ci, ou tout au moins pour diminuer la précision de ces lois et la signifi-

cation des données numériques qui les expriment.
L'intervention de l'élément personnel, de l'individua-
lité, déjà sensible dans toutes les sciences biologiques,
l'est bien davantage ici où elle se complique d'éléments subjectifs. Voilà pourquoi les chiffres n'ont en
psychologie qu'une valeur très largememnt approximative. Les élèves de M. Wundt ne se font d'ailleurs
pas faute d'en convenir.

Quoi qu'il en soit l'adjonction de l'observation
scientifique, de l'expérimentation et de la mesure à
la simple observation intérieure ou introspection, est
un progrès tellement évident et si peu en rapport avec
les améliorations antérieurement réalisées dans l'étude
des phénomènes conscients, qu'il faut regarder le mouvement dont l'honneur revient surtout à M. Wundt
comme une véritable révolution dans la science psychologique.

Les travaux entrepris sous la direction du célèbre
psychophysiologiste de Leipzig dans son Institut
d'abord, dans les nombreux laboratoires fondés à
l'imitation du sien et dirigés par ses anciens élèves
ensuite, ne sont pas tous, tant s'en faut, des recherches
psychophysiologiques au sens strict du mot. Parmi
ces travaux j'ai eu l'occasion de signaler des études de
psychophysique, celles de M. J. Merkel et de M. Münsterberg entre autres. Il se trouve encore parmi les
recherches des disciples surtout, des travaux de psychologie expérimentale. Comme je l'ai dit plus haut,
il n'y a pas de coupures entre les trois phases de
l'histoire de la psychologie scientifique ; elles se compé-
nètrent et s'enchevêtrent tout en demeurant distinctes,

Je veux dans cette seconde étude sur la psychologie quantitative choisir quelques-uns des travaux psychophysiologiques les plus importants, non par les résultats qu'on en peut tirer, mais par la méthode qu'on y appliqua, par les préoccupations scientifiques, les conceptions biologiques et psychologiques de ceux qui les entreprirent. Comme pour les travaux de Weber, de Fechner et des psychophysiciens, je montrerai le fort et le faible des expériences fondamentales, les qualités et les défauts de la technique employée, partant la valeur des conclusions formulées.

Dans l'œuvre psychophysiologique de l'école de M. Wundt, les travaux qui au point de vue quantitatif s'imposent tout d'abord à l'attention ont porté sur la mesure non plus de l'intensité des modifications conscientes mais de leur durée. En étudiant la durée des processus psychiques simples et complexes, M. Wundt réduisait au minimum l'influence des éléments subjectif et personnel, il opérait dans les meilleures conditions de précision. D'ailleurs comme je l'ai dit en commençant, il ne faisait ainsi que reprendre d'une façon plus systématique les travaux de ses contemporains les physiologistes, amenés naturellement à s'occuper des mêmes questions.

Dans une première partie nous examinerons l'ensemble des travaux entrepris sur les temps de réaction ; dans une deuxième partie les recherches portant principalement sur la phase psychologique de ce temps de réaction et sur la durée des opérations intellectuelles proprement dites.

I. — LES TEMPS DE RÉACTION.

L'étude des temps de réaction a été faite par de nombreux psychophysiologistes; mais on peut dire que c'est à l'Institut de psychophysiologie de Leipzig que fut fixée la méthode définitive qu'il convient d'appliquer à ce genre de recherches.

Le temps de réaction physiologique ou simplement le temps de réaction est la durée totale qui s'écoule entre la production d'une stimulation extérieure lumineuse, sonore, olfactive, gustative ou autre, et le mouvement extérieur par lequel le sujet fait connaître qu'il a perçu la sensation provoquée par cette stimulation. Ce temps de réaction est simple ou complexe. Il est simple quand le sujet doit percevoir une seule espèce de stimulation et réagir par un mouvement unique déterminé d'avance. Il est complexe dans tous les autres cas : soit que l'on excite un, deux ou plusieurs organes des sens alternativement ou simultanément, soit que le sujet au lieu de percevoir passivement une impression doive distinguer entre plusieurs sensations, les rattacher à des souvenirs, délibérer, choisir; soit enfin que la façon de signifier ces opérations conscientes ait elle-même quelque complexité. Ce sera le cas lorsqu'il devra marquer par un mouvement de la main droite, qu'il a perçu une sensation lumineuse, par un mouvement de la main gauche qu'il a entendu un son. Complexité dans la phase sensitive qui précède la perception, complexité dans la phase consciente et enfin complexité dans la phase finale ou réactive.

Le dispositif expérimental usité dans les diverses recherches entreprises jusqu'à ce jour n'est pas partout le même; à l'Institut de Leipzig même on y a introduit des perfectionnements successifs.

Disons brièvement comment se fait l'étude des temps de réaction pour les stimulations sonores par exemple; pour les autres sortes d'excitations sensorielles le dispositif est à peu près le même.

Les appareils sont disposés dans deux salles; l'expérimentateur se tenant dans l'une, le sujet dans l'autre, afin d'empêcher que le sujet soit distrait par les mouvements de l'expérimentateur et les bruits des appareils enregistreurs.

Placé à une distance déterminée de l'appareil qui produira les sons, le sujet tient la main droite légèrement appuyée sur le bouton d'un interrupteur. Un timbre électrique ne donnant qu'un coup sec, sonne à la fermeture d'un circuit spécial, fermeture produite par l'abaissement d'un bouton à portée de la main de l'expérimentateur et placé par conséquent dans la chambre où se trouve celui-ci.

Pour éviter au sujet les distractions que pourrait causer la vue des objets extérieurs, il vaut mieux faire l'obscurité dans la *chambre de réaction*.

L'expérimentateur a devant lui sur une table un ensemble d'appareils dont le principal est le chronoscope, un mécanisme d'horlogerie, muni de deux cadrans et de deux aiguilles marchant à des vitesses très inégales (1).

---

(1) Je décris ici le chronoscope de Hipp employé à Leipzig. Il y en a d'autres.

L'aiguille du grand cadran parcourt 10 divisions
(sur 100) dans l'espace d'une seconde; l'aiguille du
petit cadran parcourt 100 divisions pendant que celle
du grand cadran en parcourt une seule, partant, une
division en une millième de seconde. Le chronoscope
mesure le temps en millièmes de seconde. Pour
mettre le chronoscope en train, l'expérimentateur tire
sur un fil, et ainsi fait marcher le mouvement d'horlogerie; les aiguilles des deux cadrans tournant chacune à la vitesse que je viens de faire connaître.
Seulement le mouvement d'horlogerie étant mis en
marche, on peut instantanément arrêter les deux
aiguilles en attirant une pièce mobile au moyen d'un
électro-aimant. Partant, pour que les aiguilles mar-
chent il ne suffit pas de les détacher en tirant sur le
fil, il faut encore que l'électro-aimant n'agisse pas
sur la pièce mobile qui les pousse en avant et les
arrête. Supposons maintenant que le mécanisme étant
mis en marche par la traction sur le fil, l'électro-aimant
empêche les aiguilles de marcher aussi longtemps que
la sensation sonore n'est pas produite, que ce soit le
mouvement d'abaissement, de chute du corps sonore,
qui interrompe le circuit de l'électro-aimant et fasse
marcher les aiguilles; que le mouvement par lequel
le sujet marque qu'il a perçu le son, détermine la
fermeture du circuit ouvert par la chute du corps
sonore et arrête instantanément les aiguilles. Nous
lirons ainsi sur le cadran le nombre exact des millièmes de secondes écoulés depuis l'instant de la
stimulation jusqu'à celui de la réaction; en un mot

le temps de réaction physiologique aux stimulations de son sera mesuré en millièmes de seconde.

C'est ainsi que se font les expériences. Un double circuit part d'une pile électrique; un premier passe par le chronoscope, par un rhéostat qui permet de graduer la résistance, un interrupteur et un commutateur; à ce dernier se rattache un second circuit dans lequel se trouve l'interrupteur placé sous la main du sujet et le marteau électro-magnétique dont la chute produit la stimulation sonore. Le sujet a la main posée sur l'interrupteur; celui-ci est baissé et le petit circuit est fermé en ce point, et ouvert ailleurs parce que le marteau ne touche pas l'enclume. En fait donc quand l'expérience commence le petit circuit est ouvert. Le courant passe alors en entier dans le grand circuit le rhéostat et le chronoscope et tient immobiles les aiguilles de celui-ci (1).

L'expérimentateur détache au moyen du fil le mouvement d'horlogerie du chronoscope; les aiguilles demeurent immobiles, le courant passant tout entier par le grand circuit. L'expérimentateur a sous la main un bouton dont l'abaissement ferme un troisième circuit spécial actionnant le marteau, celui-ci s'abaisse et produit un son. Mais en s'abaissant, et au moment précis où il s'abaisse, il ferme le petit circuit, déjà à moitié fermé par l'interrupteur tenu abaissé sous la main du sujet. A ce moment le courant est dérivé dans le circuit secondaire, l'électro-aimant ne suffit

---

(1) Quand je dis le grand et le petit circuit, il faut entendre par là le circuit principal, et le circuit dérivé.

plus à maintenir immobiles les aiguilles du chronoscope : elles se mettent en marche.

Cependant le sujet relève son interrupteur à lui, rouvre le circuit secondaire, le courant redevient intense suffisamment dans le grand circuit, actionne l'électro-aimant, arrête les aiguilles du chronoscope juste au moment où le sujet marque qu'il a perçu le son.

Généralement pour éveiller l'attention du sujet, un avertissement est donné quelques secondes avant la stimulation; l'intervalle qui sépare le signal de la sensation n'est pas sans influence sur la durée du temps de réaction; trop court ou trop long il nuit à l'attention. Il est nécessaire aussi de faire suivre les stimulations avec une vitesse uniforme et graduée.

On peut étudier la durée des temps de réaction avec toutes les espèces de stimulations : le chaud, le froid, l'odeur, la saveur, la fatigue, la douleur, etc. Le dispositif expérimental doit varier avec les organes des sens stimulés. Les résultats obtenus dans les recherches sur les autres sens sont beaucoup moins nombreux et moins sûrs que ceux que l'on a recueillis pour les organes visuel et audidif.

Divers auteurs et notamment M. Ribot, ayant exposé longuement les recherches entreprises sur les temps de réaction, je me contenterai de les étudier d'une manière générale et seulement à trois points de vue : — Les conditions dans lesquelles ces recherches ont été entreprises. — Les résultats généraux qu'elles ont données. — Les conclusions que l'on a cru pouvoir déduire de ces résultats mêmes.

Ce qui frappe d'emblée dans les études des temps de réaction, c'est le contraste en ⸱ ⸱ l'extrême minutie des précautions prises pour obtenir des résultats précis et les différences énormes subsistant entre les chiffres exprimant ces résultats.

On mesure à un millième de seconde près la durée des temps de réaction chez trois ou quatre sujets, et l'on est obligé pour établir une moyenne, d'additionner des nombres très dissemblables. Avec 8, 5 et 5 on fera une moyenne de 6 par exemple.

Et quand on examine comment ces données ont été obtenues, on constate qu'elles sont elles-mêmes des produits moyens obtenus avec un semblable défaut de rigueur.

Si je signale ce manque de précision, ce n'est pas pour le reprocher aux expérimentateurs de l'école de Leipzig; je crois qu'il est impossible dans l'état actuel d'arriver à un résultat meilleur. Tous ceux qui ont fait des recherches psychophysiologiques ont appris par expérience qu'il y a non seulement de très grandes différences individuelles dans la façon de réagir, mais encore qu'un même individu, toutes les conditions paraissant identiques, est loin de réagir constamment de même.

Ainsi le sujet stimulé par des excitations sonores, parfois fixe principalement son attention sur la sensation à percevoir avant de lever la main, dans ce cas la durée des temps de réaction augmente et les réactions sont dites *sensorielles*. D'autres fois le sujet est préoccupé surtout du mouvement à exécuter; sitôt le son perçu, la contraction des muscles de la main et du bras suit; dans ce cas le temps de réaction diminue; le sujet fait, dit-on, des réactions *musculaires*. Enfin, certains auteurs, notamment M. Kiesow (1), admettent l'existence d'une troisième sorte de réaction, indifférente ou mixte, ni sensorielle, ni musculaire, le sujet s'efforçant à la fois de percevoir le plus vite possible et de réagir de même.

Chez un même sujet on pourra trouver les trois sortes de réactions, chez d'autres les réactions seront plutôt sensorielles et chez d'autres plus souvent musculaires. Or, quand on songe aux variations de l'attention, inévitables et continues chez tout sujet, surtout quand il s'agit de longues séries d'expériences, on s'explique aussitôt et l'inégalité des chiffres obtenus et surtout les différences entre les résultats des trois ou quatre sujets observés.

Cela prouve que malgré tous les efforts employés pour rendre égales les conditions des expériences, il reste une marge considérable, un domaine où la précision est beaucoup moindre pour ne pas dire nulle, et ce domaine c'est l'élément subjectif, le moi éminemment impressionnable et changeant de celui qui réagit.

Ceci nous amène à comprendre le défaut essentiel des travaux de l'école de Leipzig, défaut que j'ai signalé déjà à propos des recherches psychophysiques, à savoir l'insuffisance absolue du nombre de sujets étudiés. Quand il s'agit de contrôler la marche de types de

---

(1) Kiesow, *Zeitschrift für Psychologie und Physiologie der Sinnes organe*, t. XXXV.

moteurs, de galvanomètres, ou d'appareils construits tous sur le même modèle, point n'est besoin d'en étudier cinquante ou cent. L'essai de deux ou trois appareils de chaque type donnera des résultats comparables et si l'on veut appliquer à ces résultats les méthodes mathématiques pour en rendre plus rigoureuses les conclusions et construire une courbe illustrant ces résultats, nul ne s'avisera de mettre en doute la valeur de conclusions ainsi obtenues. Mais quand il s'agit d'étudier des êtres vivants, surtout des hommes, et cela dans leur activité mentale, même sous sa forme la plus élémentaire, il est impossible d'arriver à une conclusion satisfaisante si l'on n'opère pas sur un nombre très considérable de sujets. Et ici l'application des méthodes mathématiques, celle des moindres carrés, par exemple, sera plus nuisible qu'utile parce qu'elle fera paraître plus simple une loi psychologique, laquelle par son essence même ne saurait être telle. L'intervention des mathématiques dans les sciences physiques est pleinement justifiée par son évidente utilité; elle met en lumière la fixité et la simplicité relative des lois physiques. En biologie cette intervention produit un résultat inverse; en simplifiant la courbe qui représente la marche des phénomènes on dénature le caractère de celle-ci. Dans les sciences biologiques en général et en psychologie en particulier, on ne peut conclure, établir une moyenne ou une courbe qu'après un nombre considérable d'observations; plus les données seront nombreuses plus la courbe suivra de près les faits observés, plus aussi la loi dégagée sera probable. L'homme-machine n'existe pas.

Or, si l'on parcourt les travaux les plus importants de M. Wundt, on constate que presque toujours les expériences ont été faites sur trois ou
quatre sujets, rarement davantage; que dans presque
tous l'expérimentateur a lui-même fait fonction de
sujet; que ceux qui participaient aux recherches étaient
en relations habituelles avec l'auteur, vivaient dans
l'atmosphère de ses préoccupations scientifiques et
s'intéressaient probablement au succès de ses travaux. Ce sont là des conditions défectueuses dont
il est impossible de ne pas faire au moins mention.
Par contre je me plais à reconnaître que dans la
plupart des travaux entrepris sur les temps de réaction,
expérimentateur et sujets ont fait preuve d'une patience,
d'une conscience, d'une volonté admirables. Il faut
avoir soi-même fait des travaux analogues pour apprécier à ce point de vue la valeur des travaux faits
à Leipzig. Et sans doute les expérimentateurs de l'école
de M. Wundt se rendent compte de ce qui a manqué à
leurs travaux; ils ont constaté le défaut de concordance
entre les résultats obtenus; seulement il leur eût été
bien difficile de faire mieux.

D'abord, à l'époque où ils travaillaient, la notion
de l'homme-type était courante en physiologie. Puis
le nombre de ceux qui s'intéressaient à la psychologie expérimentale et auraient pu servir de sujets
était bien restreint, et l'on n'avait pas encore songé
alors à prendre pour sujets les élèves des écoles.

Quelles sont les principales conclusions à déduire
des travaux de l'école de Leipzig relatifs au temps de
réaction physiologique?

Les causes qui augmentent ou diminuent la durée du temps de réaction physiologique — et d'après M. Wundt, cette modification dans la durée totale provient principalement de la variation de la phase psychologique de ce temps — ces causes dis-je peuvent se ramener à trois principales : la nature des stimulants — leur intensité — le degré de tension de l'attention.

A côté de ces facteurs principaux, il en est beaucoup d'autres d'importance secondaire, mais non négligeable : dont le plus remarquable est l'état du système nerveux : finesse congénitale, entraînement préalable, anémie, fatigue, habitude, etc.

La première des causes principales : nature du stimulant employé, est celle qui s'affirme le plus nettement peut-être, et qui s'explique le moins aisément.

La durée du temps de réaction physiologique, alors que les stimulations sont d'intensité moyenne varient d'après M. Wundt entre 1/8 et 1/5 de seconde, soit 0,125 et 0,200.

Il donne les chiffres suivants :

	Moyenne.
Son	0,167
Lumière	0,222
Irritation de la peau par l'électricité	0,201
Irritation tactile	0,213

Dans la plupart des travaux faits par les physiologistes on constate de légères différences dans la durée des réactions qui suivent les différentes stimulations sensorielles.

M. Wundt fait très justement remarquer qu'il est impossible de déterminer l'intensité comparative d'une excitation lumineuse et d'une autre sonore. Si le temps de réaction est généralement plus court à la suite de stimulations auditives modérées, cela ne proviendrait pas de la nature spéciale du son, mais de ce que cette stimulation ébranle plus fortement le système nerveux que la vibration lumineuse modérée. Il a tenté d'établir qu'il en est ainsi en choisissant des stimulations *seuils* tout juste perceptibles. Dans ce cas dit-il, l'inégalité de durée des temps de réaction s'efface.

Voici le résultat de 24 observations :

	Seuil de l'irritation.	Moyenne.	Variations moyennes.
Son	0,337	0,0501	
Lumière	0,331	0,0577	
Sensation tactile	0,327	0,0324	

Il va sans dire que ces quelques observations ne tranchent pas la question : mais il est possible que l'opinion de M. Wundt soit confirmée par les recherches ultérieures. Peut-on dès maintenant donner, même pour les stimulations d'intensité modérée, des chiffres définitifs exprimant la durée des temps de réaction pour les différents organes sensoriels? A coup sûr non. Pour s'en rendre compte il suffit de comparer les chiffres obtenus par les différents expérimentateurs (1).

Le temps de réaction pour la lumière est 0,222 pour M. Wundt, et seulement 0,150 pour Exner, soit une

---

(1) Voyez le tableau donné par M. Ribot, *Psychologie allemande contemporaine*, p. 314 (Paris. Alcan).

différence de 0,072. c'est-à-dire que la durée étant 3 pour M. Wundt est 2 pour Exner. Pour le son 0,167 d'après M. Wundt et seulement 0,120 d'après Kries. Pour le tact 0,213 selon M. Wundt, et 0,117 selon Kries. Ce qui donne pour la lumière 1/4,5 de seconde d'après M. Wundt et 1/6,6 selon Exner. Pour le son 1/6 selon M. Wundt, 1/8,3 d'après Kries; pour le tact 1/4,5 chez M. Wundt et 1/8,5 chez Kries.

Et entre ces extrêmes on trouve chez les divers expérimentateurs Hirsch, Hankel, Exner, Auerbach, Kries et M. Wundt toutes sortes de données intermédiaires. La durée pour la lumière notamment diffère — d'après les expérimentateurs, — du simple au double!

Ceci montre mieux que tous les raisonnements, que nous sommes loin de connaître la durée moyenne exacte du temps de réaction chez l'homme normal.

Si la durée moyenne du temps de réaction n'est point fixée pour chaque espèce de stimulation, on sait néanmoins que les sensations lumineuses sont généralement suivies d'une réaction plus tardive. Tous les auteurs cités sont d'accord sur ce point. Ils ne le sont plus pour conclure que les sons produisent des réactions plus hâtives que les contacts. Hirsch et Auerbach arrivent à des conclusions analogues à celles de M. Wundt. Pour Hankel il y a égalité ou presque : pour Exner et Kries c'est le temps de réaction suivant les stimulations du toucher qui est le plus court! Il est fort possible que les contradictions entre ces conclusions ne soient qu'apparentes, et dues à la façon différente de stimuler les organes sensoriels.

En effet une deuxième loi à laquelle ont abouti les recherches expérimentales peut se formuler à peu près ainsi : Toutes choses égales d'ailleurs, le temps de réaction diminue quand la stimulation des organes sensoriels devient plus intense.

M. Wundt a mesuré l'influence de l'intensité notamment pour les sons. Ceux-ci étaient produits soit par la chute d'une boule métallique sur une plaque de même composition (1) (*Fallapparat*), soit par l'abaissement d'un marteau frappant une enclume. La hauteur du marteau maintenu par un ressort plus ou moins tendu pouvait varier et était mesurée en millimètres. C'est le marteau électro-magnétique dont j'ai parlé plus haut. Une vis permet de tendre le ressort de façon à régler la distance qui sépare le bord inférieur du marteau de la surface supérieure de l'enclume sur laquelle la fermeture du circuit le fera tomber.

« Dans les deux appareils (2) le rapport des énergies de son était tel, qu'une hauteur de chute du marteau de 16 millimètres, égalait presque une hauteur de chute de la boule de 3 centimètres. »

Voici les résultats de deux séries d'expériences faites sur deux sujets.

---

(1) Quand M. Wundt faisait ses expériences l'appareil était plus élémentaire; la bille de 15 grammes tombait sur une plaque en bois.

(2) *Éléments de psychologie physiologique*, trad. franç. de M. le Dr Élie Rouvier, Paris. F. Alcan, 1886, p. 283.

Premier sujet M. W. W.

Hauteur de chute du marteau.	Moyenne.	Variation moyenne.	Nombre d'expérience.
1 mm.	0,217	0,0220	21
4 mm.	0,146	0,0270	24
8 mm.	0,132	0,0114	24
16 mm.	0,135	0,0275	25

Hauteur de la boule.	Moyenne.	Variation moyenne.	Nombre d'expérience.
2 cm.	0,161	0,024	31
5 cm.	0,176	0,024	30
25 cm.	0,159	0,030	25
55 cm.	0,094	0,026	16

L'auteur conclut : « d'après ces expériences, les irritations d'une intensité considérablement variable, présentent une diminution notable du temps de réaction avec l'accroissement de l'irritation ».

Quand on examine les chiffres, on constate dans le premier tableau une diminution considérable lorsque la hauteur du marteau varie de 1 millimètre à 4 millimètres, diminution d'autant plus remarquable que l'attention du sujet a été notoirement moins tendue pendant les expériences dans lesquelles le son était plus intense (1).

Quand la hauteur devient 8 millimètres, le temps diminue très peu, bien que l'attention soit infiniment meilleure (2); enfin le temps augmente légèrement

---

(1) Voyez la variation moyenne 0,0270 rapportée à 0,146 environ $\frac{1}{6}$ de la durée totale du temps de réaction. Alors que pour la durée 0,217 la variation n'est que $\frac{1}{10}$.

(2) Variation moyenne 0,114 soit moins de $\frac{1}{10}$ de la durée totale.

quand le son devient encore plus intense, et l'attention beaucoup plus faible.

Dans le second tableau la durée du temps de réaction s'accroît quand le son devient plus intense, la hauteur étant portée de 2 centimètres à 5.7 et l'attention étant plutôt meilleure!

Avec une hauteur de chute de 25 centimètres, l'attention faiblissant légèrement, la durée du temps de réaction est sensiblement la même qu'avec la hauteur de chute de 2 centimètres.

Il paraît bien difficile de tirer une conclusion certaine de données aussi disparates. Quoi qu'il en soit, on admet généralement que les stimulations intenses sont suivies d'un temps de réaction plus court; parce que l'attention passive est plus grande.

Ceci nous amène à considérer la troisième cause principale modifiant la durée du temps de réaction, à savoir l'attention active, la tension de l'esprit du sujet se préparant à recevoir l'impression et à y répondre. Pour produire cette attention on fait précéder la stimulation d'un avertissement, d'un signal. Ordinairement un coup sec produit par un timbre, comme je l'ai plus haut.

Exemple :

		Nombre d'expériences.
Chute de 0,25 de haut, sans signal	0,253	13
avec signal	0,076	17
Chute de 0,06 de haut, sans signal	0,276	14
avec signal	0,175	14

Toute une série de causes pour l'étude desquelles je renvoie au livre de M. Ribot, distraient le sujet, agissent donc en sens inverse du signal et allongent le temps de réaction.

La conclusion à coup sûr la plus importante à laquelle les expérimentateurs soient arrivés est celle-ci : Le cycle complet des modifications produites, commençant par une stimulation externe lumineuse sonore ou autre, et se terminant par un mouvement de levier, ce cycle est décomposable en diverses phases qui se suivent toujours dans le même ordre, et qui ont chacune une certaine durée.

Prenons le temps de réaction qui suit une stimulation du nerf acoustique : il débute au moment précis où le marteau s'abaissant frappe l'enclume. Il se décompose comme suit :

1. Temps que met la vibration des pièces métalliques à traverser l'air et l'oreille, pour arriver au nerf acoustique.

2. Temps que met le courant nerveux sensitif à traverser les nerfs, les centres inférieurs et supérieurs.

3. Temps nécessaire à l'entrée de la sensation dans le champ de la conscience.

4. Temps que met la sensation apparue au bord du champ de la conscience pour devenir une représentation clairement aperçue.

5. Temps que met la volonté à décider le mouvement par lequel l'aperception de la sensation doit être signalée.

6. Temps que met le courant moteur à parcourir les nerfs jusqu'aux muscles à contracter.

7. Temps nécessaire pour contracter les muscles du bras et de la main et lâcher le bouton interrupteur.

8. Temps nécessaire pour que le ressort de l'interrupteur lâché se relève assez pour interrompre le courant et arrêter les aiguilles du chronoscope.

Voilà les huit phases que nous distinguons dans le temps de réaction physiologique. Les psychophysiologistes prétendent que toutes sauf trois sont connues. Que, partant, en soustrayant du temps de réaction pris dans son ensemble la somme des temps connus des phases 1, 2, 6, 7 et 8 on connaîtra les temps que durent les phases 3, 4, 5, ou phases psychologiques; bref, que dans le temps de réaction physiologique, il est aisé de mesurer la valeur propre du temps de réaction psychologique.

On admet généralement que dans l'ensemble de ces phases la part du lion appartient aux psychologiques, c'est-à-dire à l'entrée dans le champ de la conscience, à l'aperception et à la volition. Et enfin, que lorsque le temps de réaction s'accroît ou se raccourcit dans son ensemble, c'est *surtout* parce que les phases psychologiques augmentent ou diminuent. M. Wundt admet toutefois que le temps de réaction peut être plus long, parce que le stimulant n'agit sur le nerf qu'après un temps considérable (gustation par exemple).

Jusqu'où les faits observés permettent-ils de tirer pareille conclusion ?

Et tout d'abord est-il vrai que la durée des phases extra-psychologiques soit connue exactement ?

Le temps que met la stimulation extérieure à se

convertir en courant nerveux sensitif n'est pas du tout connu de façon précise pour tous les organes des sens. Cette phase se décompose elle-même en plusieurs périodes.

Considérons les sons par exemple : Le cycle commence au moment précis où la chute du marteau sur l'enclume ferme le circuit dérivé. Le temps que mettent le courant à abandonner le circuit principal et l'électro-aimant à détacher les aiguilles et celles-ci à se mettre en marche, ce temps dis-je, étant considéré comme nul, on peut admettre que le cycle débute à l'instant même où le son se produit. Alors il faut à la vibration sonore des pièces métalliques le temps de traverser la couche d'air qui sépare le marteau de la membrane du tympan, l'ébranlement de cette membrane doit par l'intermédiaire des osselets se communiquer à la membrane de la fenêtre ovale, à la périlymphe, à l'endolymphe, et enfin aux cils vibratiles des cellules acoustiques; alors l'ébranlement des cils se convertit dans les terminaisons de la branche limacienne du nerf acoustique en courant nerveux sensitif. Mais la perméabilité des milieux traversés par cet ensemble de modifications successives peut et probablement doit varier avec les circonstances et avec les sujets. Pour opérer avec une précision parfaite, il faudrait déterminer pour chaque sujet, et chaque dispositif expérimental la durée exacte du temps écoulé depuis la chute du marteau jusqu'à l'ébranlement du nerf acoustique, puisqu'on prétend mesurer la durée totale au 1/1000 de seconde près.

Passons à la seconde phase, temps que met le

courant nerveux sensitif à traverser les nerfs et les centres jusqu'au point de l'écorce où il peut devenir conscient. On considère ce temps comme connu depuis les travaux de Helmholtz, Exner, Bloch, etc. Rien n'est moins établi. À l'heure actuelle on discute encore la question de la vitesse du courant nerveux dans les nerfs sensitifs. Un article de M. Kiesow paru récemment (1) montre que l'on est loin de connaître de façon certaine la vitesse des courants dans les nerfs. Quant à la rapidité de transmission nerveuse sensitive et motrice dans les fibres de la moelle épinière et les voies cérébrales, les auteurs que cite M. Wundt lui-même diffèrent notablement d'opinion. Exner admet que la vitesse dans la moelle épinière est de 8 mètres (2), tandis que Bloch estime cette vitesse à 194 mètres!

Si l'on considère le temps de réaction qui suit une stimulation tactile produite sur la paume de la main, par exemple, et si l'on admet les chiffres d'Exner, il faut au courant nerveux pour traverser les nerfs et la moelle, approximativement 1/70 pour les nerfs sensitifs (le nerf médian naissant des branches inférieures du plexus brachial), à peu près 1/50 de seconde pour traverser la partie supérieure de la moelle soit en tout 0,035 au moins; autant pour la phase motrice en tout 0,070. Cette durée n'est pas négligeable à coup sûr dans un temps de réaction totale de 0,22. Et quel temps faudra-t-il pour traverser les fibres

---

(1) *Zeitschrift für Psych. und Phys. der Sinnes organe*, vol. 33.
(2) M. Wundt, *Éléments.* etc., p. 254 en note.

do la couronne rayonnante et arriver à l'écorce, pour redescendro dans la moelle, etc.? Ce que jo signale à propos de la détermination préciso des phases 1 et 2 est vrai, on le conçoit, pour les phases finales 6, 7, 8.

M. Wundt admet d'ailleurs qu'il subsisto plusieurs inconnues et conclut modestement : « Donc voici la seule et unique chose, que nous soyons autorisés à dire au sujet du temps psychophysique (il désigne par ce mot l'ensemble des phases psychologiques) ce temps constitue la partie la plus considérable de la durée de réaction, et la plupart des grandes oscillations de cette dernière doivent être portées à son compte. » Même ainsi formulée cette conclusion est trop large; l'auteur admet d'ailleurs que l'énergie plus grande de la stimulation accroît la vitesse du courant nerveux qui en résulte. Jusqu'où peut aller cet accroissement et dans les nerfs et dans les centres notamment? La durée des réflexes chez l'homme, dit M. Wundt, est d'environ 0,03 à 0,04 de seconde (1). Mais les réflexes sont la suite de courants qui ne vont pas jusqu'à l'écorce; ils diffèrent donc aussi physiologiquement des mouvements volontaires puisqu'ils suivent les voies courtes. Partant ils ne peuvent être comparés aux réactions volontaires parcourant les voies longues.

Il est intéressant de constater que l'étude méticuleuse du temps de réaction entreprise par M. Wundt

---

1) Exner a trouvé pour le clignotement 0,0471-0,0555.

et ses élèves avec le souci de mesurer des phénomènes conscients, durée de l'aperception et de la volition, surtout de la première, a conduit à déterminer subsidiairement les diverses conditions qui modifiant plus ou moins la durée totale du temps de réaction ont une influence sur la durée des actes psychologiques.

C'est ainsi que M. Krapelin a étudié l'action spéciale des poisons psychiques et notamment de l'alcool ; que j'ai déterminé l'état de la circulation sanguine sur la durée des réactions volontaires, etc., etc.

Ces travaux et d'autres analogues servent de transition entre les recherches psychophysiologiques inspirées par des préoccupations métaphysiques et les travaux plus objectifs de psychologie expérimentale.

Pour permettre au lecteur de juger lui-même de la portée des travaux dont je viens de donner une critique générale, je vais exposer en détail deux études très importantes faites il y a déjà longtemps par des disciples de M. Wundt, pour mesurer la durée des processus psychiques. Comme les auteurs se basent constamment sur la mesure des temps de réaction simple, ma critique servira de commentaire à l'appréciation générale esquissée dans les lignes qui précèdent.

II. — LA DURÉE DES OPÉRATIONS INTELLECTUELLES.

Déjà différents physiologistes et en particulier Exner avaient tenté de déterminer la durée des phases psychologiques du temps de réaction et de mesurer

la durée des opérations intellectuelles élémentaires (1).
Pour étudier isolément cette phase psychologique et
déterminer les conditions qui modifient sa durée, on
peut procéder comme suit : ayant calculé exactement
la durée des phases extra-psychologiques et retranché
ce total de l'ensemble de la durée du temps de réaction, exprimer par la différence la durée propre de
la phase consciente. Nous avons vu que les divers
éléments de cette phase extra-consciente sont loin
d'être suffisamment déte. iinés et varient probablement avec plusieurs conditions et surtout avec la
nature même des sujets. Soustraire du temps total un
temps invariable connu n'est pas encore actuellement
possible.

Il existe un deuxième moyen consistant à agir de
telle manière que dans deux expériences faites le même
jour dans des conditions identiques sur un même sujet
on varie simplement un seul élément; alors en comparant les temps de réaction dont toutes les phases
sauf une sont semblables, on détermine la durée propre de cette phase spéciale.

On admet dans l'école de Leipzig que la phase
psychophysique comme on l'appelle, constitue la partie
la plus importante de l'ensemble du temps de réaction
et que dans cette phase psychophysique la part principale revient à l'aperception (2). Or, pour cette dernière,
on peut dans une série d'expériences modifier unique-

---

(1) Voyez Exner, Experimentelle Untersuchungen der einfachsten
psychischen Processe. *Pflüger's Archiv*, t. VII, année 1873.
(2) Voyez M. Wundt, *op. cit.*

ment cet élément. C'est ce qu'a entrepris M. Friedrich dans une étude parue en 1881 (2). Comme M. Wundt lui-même a collaboré à ce travail, on peut le donner comme un modèle du genre des recherches de l'école psychophysiologique.

Le but poursuivi par l'auteur est de déterminer la durée de l'aperception, d'abord quand on ne produit qu'une seule espèce de stimulation, dans l'espèce une image visuelle unique et quand, au contraire, on produit alternativement ou successivement plusieurs sortes d'images visuelles.

M. Friedrich a procédé comme suit :

Au fond d'une caisse formant chambre noire est fixée une feuille de papier blanc d'environ 9 centimètres de haut sur 11 de large. La paroi opposée de la caisse est percée d'une ouverture circulaire de 3 centimètres de diamètre : c'est à cette ouverture que le sujet applique l'œil pour regarder la paroi qui lui fait face et se trouvait distante de l'œil de 25 centimètres.

Un tube de Geissler placé de façon à ne pas gêner l'œil éclaire momentanément lors du passage du courant, la caisse servant de chambre noire.

Les aiguilles du chronoscope intercalé dans le circuit principal, ne peuvent être mises en marche que pendant que le courant dérivé dans le circuit secondaire éclaire la caisse et partant son fond blanc. Ces expériences ont été faites sans signal spécial, le sujet était averti par le bruit que faisait le chronos-

---

(1) *Psychologische Studien*, t. I, p. 39.

cope quand l'expérimentateur mettait en marche le mécanisme d'horlogerie. Voici donc la série des opérations exécutées :

Le sujet pose la main sur le bouton interrupteur et ferme ainsi à moitié le circuit secondaire. L'expérimentateur met en marche le chronoscope mais, le courant passant encore par le circuit principal, les aiguilles demeurent immobiles.

L'expérimentateur alors abaisse le second interrupteur du circuit secondaire et ferme complètement celui-ci, d'où deux conséquences : le tube de Geissler s'éclaire ; au même instant, le courant devenant trop faible dans le circuit principal, les aiguilles du chronoscope se mettent en marche. Aussitôt que le sujet a perçu l'éclairement de la paroi tendue de blanc, il lève la main, interrompt le circuit secondaire ; aussitôt la lumière s'éteint, et le courant du circuit principal, redevenant assez puissant, arrête les aiguilles du chronoscope. On obtient ainsi en millièmes de seconde le temps précis écoulé entre le moment où le sujet a pu voir le fond blanc éclairé et l'instant où il a signalé qu'il l'avait aperçu.

Cette durée étant connue et établie de façon suffisante pour un sujet donné, en un jour donné, on complique la stimulation visuelle de diverses façons.

D'abord au lieu de présenter toujours à l'œil un même fond blanc, on fixe sur la paroi de la caisse tantôt une surface ronde noire sur fond blanc, tantôt une surface ronde blanche sur fond noir. Dans l'espèce chacun des disques blanc et noir avait un diamètre de 42 millimètres.

On présente au sujet alternativement un disque noir ou un disque blanc, sans suivre aucun ordre déterminé, de sorte qu'il ne puisse prévoir laquelle des deux images lui apparaîtra.

La durée des temps de réaction calculée dans ces conditions apparaît plus longue que dans les expériences précédentes.

Il est entendu que l'on ne s'est pas contenté de déterminer une fois pour toutes la durée moyenne du temps de réaction simple pour un sujet donné et de soustraire ce résultat des durées totales obtenues dans les expériences que je rapporte ici.

Un rapide examen des chiffres montre que la durée s'accroît quand il y a alternance d'images visuelles différentes.

Prenons les expériences du début de mars, quand les sujets étaient suffisamment entraînés.

Sujets.	Disque noir.	Variation moyenne.	Disque blanc.	Variation moyenne.	Temps de réact. simple.
M. W. Wundt.	0,351	0,056	0,342	0,079	0,231
Fischer . . .	0,169	0,044	0,197	0,031	0,178
Friedrich . . .	0,170	0,015	0,177	0,029	0,151

Ce qui frappe dans ces données c'est d'abord que, chez le sujet le plus sérieux, on trouve une différence énorme entre la durée moyenne de l'aperception après stimulations complexes, et la durée des temps de réactions simples, différences infiniment moindres chez les deux autres sujets. En second lieu, la variation moyenne chez tous les sujets est extrêmement grande : il faut donc supposer ou que leur attention a été fort défectueuse, ou que les expériences ont été faites dans des conditions générales fort variables.

Dans l'un et l'autre cas la durée plus longue du temps de réaction totale n'est point imputable uniquement à la complexité des stimulations visuelles, et il faudrait d'autres résultats avec des variations moyennes moindres pour pouvoir conclure sûrement, que le temps augmente ici par le fait de l'aperception seule.

Dans les expériences suivantes on a présenté aux sujets non plus deux disques blanc et noir, mais quatre disques chacun de 42 millimètres de diamètre : rouge vert ou noir sur fond blanc et blanc sur fond noir.

Il y a divers moyens de compliquer ces expériences; par exemple on peut convenir que le sujet ne réagira pas à telle stimulation et réagira à telle autre : qu'il réagira avec la main droite quand il verra le rouge et avec la gauche quand il apercevra le blanc (on intercale dans ce cas un troisième interrupteur dans le circuit dérivé).

Les expériences ayant été conduites comme il a été dit précédemment, voici les chiffres obtenus pour les différents sujets :

Sujets.	Dates.	Moyennes.	Variation moyenne.	Temps de réaction simple.
M. W. Wundt.	2 mars	367	0,015	0,251
	—	401	0,031	0,210
	3 mars	519	0,075	0,247
	—	393	0,051	0,226
Tischer	2 mars	257	0,026	0,185
	—	149	0,020	0,139
	3 mars	228	0,019	0,182
	—	196	0,022	0,173

Friedrich . . .	2 mars	300	0,040	0,168
	—	240	0,051	0,135
	3 mars	311	0,052	0,148
	—	237	0,042	0,158

Ces données sont loin d'avoir une valeur égale. Le premier sujet, à coup sûr le plus sérieux et le plus attentif, M. Wundt, a fourni une première durée moyenne de 519, le 3 mars. Celle de la veille était de 0,367, différence donc de 0,152. Le temps de réaction varie de 2 à 3 quand on présente des disques de couleur différente. Or, pendant ces mêmes séances, le temps de réaction physiologique simple est identique ou tout comme 0,247 et 0,251. Ce qui fait que si, d'après la méthode des auteurs, on soustrait ce temps de réaction physiologique de la durée du temps de la réaction complexe, on obtient dans le premier cas : 0,519 — 0,247 = *0,272* et dans la deuxième cas 0,367 — 0,251 = *0,116* soit les deux cinquièmes environ du nombre précédent. Si l'on songe que cette moyenne 0,519 est elle-même le résultat de données fort disparates comme le démontre l'importance de la variation moyenne 0,075, comment concevoir que l'auteur ait fait entrer en ligne de compte des résultats aussi sujets à caution?

Remarquons que ce n'est pas une négligence isolée, qui pourrait échapper même à un expérimentateur attentif; ces différences énormes se retrouvent partout.

La durée moyenne du temps de réaction dans les expériences où l'on présentait 4 couleurs, varie chez M. Wundt entre 0,519 et 0,258, c'est-à-dire plus

que du simple au double ; chez M. Tischer, la durée
maxima est de 0,418 et la durée minima de 0,149
et enfin chez M. Friedrich, l'auteur du travail, les
chiffres varient de 0,339 à 0,240.

Chez ces mêmes sujets la durée moyenne du
temps de réaction simple varie : chez M. Wundt de
0,251 à 0,168 ; chez M. Tischer de 0,292 à 0,139 et
chez M. Friedrich de 0,168 à 0,098.

Remarquons enfin que le temps le plus long de
réaction simple ne coïncide pas du tout avec la
durée maxima de la réaction complexe, ni le temps
de réaction simple le plus court avec la moindre durée
moyenne des réactions complexes.

Une autre recherche fort intéressante a été entreprise par M. Friedrich dans le but de comparer le
temps nécessaire pour apercevoir un seul objet à
celui que réclame l'aperception de deux, trois objets
à la fois.

Le procédé expérimental était sensiblement le
même que celui qui a servi pour les expériences
précédentes, avec cette différence que l'on montrait
au sujet non plus des disques de couleur mais des
chiffres formant des nombres, que le sujet lisait à
haute voix, de sorte que l'expérimentateur pouvait
constater d'emblée si la perception était exacte ou non.

Les chiffres disposés au fond de la caisse décrite
plus haut, sur la paroi faisant face à l'œil, étaient
de dimensions assez grandes, c'étaient des caractères
imprimés de 6 millimètres de haut et 3,8 millimètres de
large. Les nombres les plus longs n'étant composés

que de 6 chiffres, la longueur totale était d'environ 23 millimètres et le point milieu étant placé juste sur l'axe optique, les deux extrémités du nombre se trouvaient à environ 11 millimètres du point de fixation, ce qui fait que les extrémités étaient vues sous un angle de 2°33. Dans ces conditions il ne peut se produire un accroissement appréciable de la durée du temps de réaction (1).

Quatre sujets ont pris part à ces expériences : M. Wundt, Stanley Hall, Tischer et l'auteur.

Le procédé opératoire est, dans ses grandes lignes, celui dont M. Friedrich s'est servi dans les expériences précédentes. On a montré successivement dans des conditions identiques un seul, deux, trois, quatre, cinq et six chiffres.

Le sujet lisait à haute voix non les chiffres isolés, mais le nombre formé par leur assemblage. Ainsi 310 s'énonçait *trois cent dix* et non : trois, un, zéro.

Le temps nécessaire à l'aperception s'obtient en soustrayant de la durée totale, celle du temps de réaction simple.

Quand on examine les chiffres obtenus dans ces expériences, on constate que chez deux sujets le temps de réaction ne commence à croître qu'à partir des nombres de 3 chiffres; chez deux autres à partir de 4 chiffres. Partant pour apercevoir un nombre de deux chiffres, voire de trois chiffres, il ne faut pas

---

(1) L'accroissement n'atteint que 0,021 à 0,034 quand la vision se fait sous un angle de 30°.

un temps sensiblement plus long que pour apercevoir un seul chiffre.

L'auteur admet que l'accroissement jusqu'à trois chiffres n'est ni considérable, ni régulier et devient plus sensible (de beaucoup) quand on ajoute un quatrième chiffre, un cinquième et surtout un sixième chiffre.

M. Friedrich croit que le sujet perçoit trois chiffres en une seule fois, tandis qu'il décompose les nombres plus longs en deux groupes plus ou moins étendus.

Les remarques faites plus haut sur l'inégalité des composantes ayant servi à constituer les moyennes s'appliquent encore pleinement ici. On trouve chez M. Wundt pour la durée du temps de réaction à un chiffre, le 17 janvier, 0,668 et le 11 février, 0,315, moins de la moitié. Et ce qui est plus extraordinaire encore, on note des variations moyennes énormes, par exemple 0,273 chez le même sujet (1).

M. Friedrich avait tenté après d'autres de mesurer la durée de la discrimination et de l'aperception de plusieurs images simultanées. M. Trautcholdt entreprit de déterminer la durée d'opérations intellectuelles beaucoup plus compliquées, à savoir le temps qu'il faut en moyenne à l'homme pour rappeler après une stimulation devenue représentation mentale, une autre représentation associée à la première. La méthode est essentiellement la même que celle que suivit M. Friedrich; elle repose sur le système des soustractions.

---

(1) Expériences du 7 février, temps de réaction après présentation de 4 chiffres 0,674, moy. 0,273.

Dans l'espèce ce sont des stimulations auditives de plus en plus complexes qui ont été successivement présentées aux sujets. D'abord le temps de réaction simple à une stimulation sonore; puis le temps de réaction à un mot prononcé; le temps nécessaire au sujet pour discerner un mot s'obtient en déduisant du temps de réaction au mot le temps de réaction simple; enfin le temps qu'il faut pour produire une réaction après avoir remarqué une association, s'obtient par une autre soustraction.

Dans la première partie de son travail M. Trautcholdt rappelle les expériences de Galton sur la détermination du nombre et des espèces d'associations spontanées et traite des associations au point de vue qualitatif. Dans la deuxième partie il étudie spécialement le temps de formation des associations, au point de vue quantitatif.

L'auteur divise les associations en deux grandes classes, les associations internes et les associations externes.

Avec Aristote il admet que les associations sont basées sur l'analogie, ou le contraste; la contiguïté dans l'espace ou la continuité dans le temps. Les associations par analogie ou contraste sont internes, les autres externes. L'auteur a tenté d'abord d'étudier chez ses quatre sujets. MM. Wundt, Stanley Hall, Besser et lui-même, la fréquence relative des associations internes et externes, et dans chacun de ces groupes, l'importance des diverses espèces d'associations directes ou indirectes.

Le nombre et la nature des associations ou imagessouvenirs, rappelées dans la conscience par une stimulation actuelle, dépend de plusieurs causes assez complexes : c'est d'abord la nature même du lien d'association qui relie l'image actuelle à l'image rappelée. Chez les quatre sujets observés deux ont notablement plus d'associations internes (MM. Besser et Trautscholdt), M. Wundt en a à peu près autant d'une sorte que de l'autre; M. Hall a beaucoup plus d'associations externes.

La deuxième cause qui agit sur la nature des associations c'est l'âge auquel le lien entre les termes associés s'est formé.

Les expériences de Galton confirmées par celles de M. Wundt montrent que ce sont les associations formées pendant la jeunesse qui sont prépondérantes. — Galton écrivait 75 mots sur des bandes de papier, plaçait ces bandes sous des livres; quelques jours après ses yeux tombant sur la bande de papier, il lisait un mot.

Galton pendant ces expériences tenait en main un petit chronomètre, qu'il mettait en marche quand il avait lu le mot, et arrêtait aussitôt que 1, 2, 3 ou 4 idées avaient été évoquées.

Alors pendant que ces représentations associées étaient encore pleinement conscientes, l'expérimentateur les observait soigneusement, les analysait, et s'efforçait de déterminer les conditions spéciales qui les avaient fait apparaître.

Galton obtint ainsi 505 associations parmi lesquelles 280 différentes dont les unes apparurent 4 fois, d'autres 3 fois, d'autres 2 fois, et 58 seulement une fois.

Les 505 associations s'étaient formées en 660 secondes, soit en moyenne 1,3 seconde par association.

§ I. — *Technique générale des expériences de M. Trautscholdt.*

Les stimulations employées dans toutes ces recherches étant auditives, je renvoie pour les détails d'enregistrement des durées à la description générale de la mesure des temps de réaction aux sons. Il y a quelques modifications spéciales apportées par l'auteur à la technique classique. Le sujet doit se tenir dans la chambre même où se trouve l'opérateur, puisque celui-ci produit lui-même les stimulations en prononçant les mots. Donc, sur une table, deux éléments Daniel lancent un courant dans un premier circuit principal comprenant le rhéostat et le chronoscope; un circuit dérivé dans lequel s'intercalent deux interrupteurs à puissants ressorts se relèvent d'emblée dès qu'on cesse d'appuyer sur les boutons.

L'expérimentateur pour opérer dans des conditions identiques n'a employé comme stimulants que des mots monosyllabiques.

Donc, le sujet et l'expérimentateur ont tous deux à portée de la main un bouton interrupteur du circuit dérivé. Le sujet, quand l'expérience va commencer, presse son interrupteur, fermant à moitié seulement le circuit dérivé. L'expérimentateur met en marche le chronoscope, mais le courant passant encore dans le circuit principal les aiguilles demeurent immobiles.

Alors l'expérimentateur, au moment précis où il prononce le mot monosyllabique, abaisse le second interrupteur du circuit dérivé, ferme le circuit; le courant devient trop faible dans le circuit principal, les aiguilles se mettent en marche, jusqu'au moment où le sujet ayant réagi, rouvre le circuit dérivé et ainsi arrête les aiguilles. Le temps divisé en millièmes de seconde est donc exactement celui qui s'est écoulé entre le moment où le mot a été prononcé et l'instant où le sujet a remarqué le terme associé à l'image résultant de ce mot; partant le temps de réaction totale y compris une association.

L'auteur a mesuré avec ce dispositif d'abord le temps de réaction simple au son.

Pour mesurer le temps de réaction au mot, le sujet tenant comme précédemment son interrupteur baissé, l'opérateur prononce à haute voix un mot monosyllabique, au moment même où il abaisse son interrupteur; le sujet relève le sien quand il a perçu le mot. L'opérateur a eu grand soin, dit-il, de faire coïncider la fin du mot commencé, avec le bruit de la chute de son interrupteur. C'est fort bien, mais il est évident que tout le soin qu'on y met ne pourrait assurer une coïncidence absolue, il y aura toujours un intervalle de quelques millièmes, voire de plusieurs centièmes de seconde.

Pour mesurer la durée d'association, on opère comme précédemment, sauf que le sujet ne réagit, ne lève son interrupteur, qu'après avoir remarqué la présence dans la conscience d'une représentation associée.

Toutes les expériences ont été faites sans signal

spécial, le bruit produit par la mise en mouvement du chronoscope servant d'avertissement; entre cette espèce de signal et la stimulation s'écoulait un temps variable fixé arbitrairement par l'expérimentateur (1).

Les expériences systématiquement réglées ont été faites deux après-midi par semaine. Quatre sujets y ont pris part. Généralement on soumettait chaque sujet à des séries composées de réactions diverses : deux réactions simples au son, deux réactions au mot, une réaction avec association. On composait les séries comme suit : quatre réactions simples, quatre réactions au mot, quatre réactions avec association, puis de nouveau quatre réactions au mot, et quatre réactions simples. En tout vingt réactions.

§ II. — *Résultats obtenus par M. Trautscholdt.*

1° Temps de réaction simple.

	Sujets.			
	M. W. Wundt.	Besser.	Hall.	Trautscholdt.
Temps de réaction simple	0,196	0,108	0,143	0,116
Nombre d'expériences	40	194	32	88

Ce qui donne, dit l'auteur, une moyenne de 0,141.

---

(1) Ceci peut être une cause d'irrégularité, l'expérience a montré que la durée qui s'écoule entre le signal et la stimulation n'est pas indifférente; il y a une durée fixe, plus favorable que toutes les autres, comme nous l'avons dit précédemment.

2° Le temps de réaction au mot.

	Noms des sujets.			
	M. W. Wundt.	Besser.	Hall.	Trautscholdt.
Temps de réaction au mot	0,303	0,285	0,280	0,173
Variation moyenne	0,026	0,036	0,029	0,023
Nombre de réactions	80	256	120	336

En comparant ces chiffres à ceux qui expriment les durées des temps de réaction simple on voit d'emblée que M. Wundt réagit au mot plus vite que MM. Besser et Hall (1), moins vite que M. Trautscholdt.

3° Le temps que dure la réaction quand le sujet associe une autre représentation à celle qu'évoque le mot prononcé. Il est donné par l'auteur sous forme de moyennes seulement. Il est regrettable que nous n'ayons pas connaissance des résultats qui ont servi à constituer ces moyennes, d'autant plus que d'après les aveux de M. Trautscholdt et l'inspection de certains chiffres qui suivent nous devons conclure que ces résultats sont très inégaux.

Quoi qu'il en soit voici ces temps moyens pour tous les sujets : MM. Wundt, 1,009; Besser 1,038; Hall 1,154 et Trautscholdt 0,896.

En déduisant de ces durées le temps de réaction au mot, on obtient pour M. Wundt 0,706; pour M. Besser 0,752; et pour M. Trautscholdt 0,723. Trois nombres à peu près égaux. M. Hall, lui, arrive à 0,874. L'auteur rejette cette donnée pour la raison

---

(1) 303 — 196 = 197 pour M. Wundt pour M. Besser arrive à 0,177; M. Hall à 0,137 et l'auteur à 0,057!

que M. Hall n'étant pas Allemand ne pouvait associer ses souvenirs aussi aisément que les autres sujets, aux mots allemands énoncés ni même aux mots anglais prononcés par des Allemands. La moyenne des trois premiers est 0,723.

L'auteur admet donc comme durée moyenne de l'association ce nombre de 0,723 seconde et lui accorde une grande importance. En effet il résulte de données assez concordantes recueillies chez trois sujets.

Si l'on examine comment on est arrivé à constituer les moyennes mêmes de chacun de ces trois sujets, on s'aperçoit que la valeur de ces données est infiniment moins sérieuse qu'il ne paraît au premier abord.

En effet M. Trautscholdt lui-même dans ses temps d'association en distingue un certain nombre qui sont des maxima et d'autres qui sont des minima. Certaines associations se sont produites très lentement, d'autres fort vite. L'auteur cherche à expliquer pour quelles raisons dans chacune de ces catégories on trouve en outre des différences de durée assez notables. C'est tantôt parce que la nature du mot prononcé est telle qu'il pourrait être associé à plusieurs autres, et que le sujet perd un certain temps dans l'hésitation ; c'est tantôt parce que le sujet doit passer de la substance à l'accident, ce qui d'après Steinhal prend plus de temps que de passer de l'accident à la substance, etc., etc. Si toutes les associations très lentes rentraient dans les catégories mentionnées, on pourrait à la rigueur conclure qu'il y a deux temps moyens différents nécessaires pour produire des associations

chez un même sujet, et l'auteur aurait dû nous donner
ces deux moyennes. Il ne l'a pas fait et il ne pouvait
pas le faire, parce que malheureusement il se trouve
parmi les associations rapides et cela chez un seul
et même sujet, des assemblages de représentations
absolument de même nature, par exemple, — M. Trautscholdt le reconnaît lui-même — : des associations
verbales.

Or, veut-on savoir jusqu'où peut aller la différence
de durée, entre deux associations formées chez un
même sujet?

Elle peut varier du simple non pas au double
mais au quintuple!

La plus longue durée du temps d'association
chez M. Wundt est de 1,437 secondes et la plus courte
de 0,344. Chez l'auteur lui-même elle varie entre 1,715
et 0,379, soit dans le rapport de 1 à 5 et une fraction.
L'auteur avoue d'ailleurs que sa moyenne n'est que
très approximative, comme le démontrent les variations moyennes très élevées qu'il a dû enregistrer.

CONCLUSION.

Si nous essayons de résumer les conclusions auxquelles dans le domaine de la psychologie quantitative aboutissent les travaux des psychophysiologistes, nous constatons qu'ils sont arrivés à fixer des durées approximatives pour certaines opérations psychiques que l'on croyait communément ultra-rapides, presque instantanées. Ces durées moyennes péniblement établies à travers des difficultés innombrables, et pour un nombre fort restreint de sujets, avec des moyens d'investigations assez rudimentaires, sont éminemment intéressantes; elles éclairent singulièrement le laboratoire mystérieux où s'élaborent nos modifications conscientes; mais nul n'oserait dire combien les recherches ultérieures y apporteront de modifications profondes.

Le temps de réaction lui-même, le plus accessible des phénomènes psychiques mesurés, est loin d'être définitivement fixé. Dans la série des mouvements successifs constituant ce temps de réaction subsistent des phases dont nul, à l'heure actuelle, ne connaît la durée exacte. Et, toutes choses égales d'ailleurs, ce temps varie considérablement d'un sujet à un autre et chez un même sujet d'un jour à l'autre, voire d'un moment à l'autre.

La durée du temps de réaction varie chez un même sujet, sous l'action de tant de causes connues et probablement de quelques-unes inconnues, que les expérimentateurs pour donner quelque précision à leur méthode des soustractions se sont cru obligés de refaire chaque fois chez un sujet donné, à un moment donné, des déterminations nouvelles de ce temps de réaction simple.

Par contre, on peut, en opérant sur un sujet déterminé, mettre en relief certaines causes qui augmentent ou diminuent ce temps de réaction — nature du stimulant — force du stimulant — tension de l'attention — stimulations ajoutées qui distraient, etc., etc.; et comme ces causes agissent à peu près de même chez tous les sujets on peut en déduire des conclusions générales. Mais quand on essaie de mesurer ces actions, de les traduire en chiffres, on n'arrive encore qu'à des données très peu précises.

Les recherches sur la durée des phénomènes conscients plus complexes, tels que le choix, les représentations simultanées multiples, les associations, les jugements, donnent des résultats d'autant moins exacts que l'on s'appuie pour les découvrir sur des données moyennes elles-mêmes peu précises.

Aussi voyons-nous que les temps de réaction simple varient du simple au double pour les stimulations de son; varient du simple au quintuple pour la durée d'association, et, cela chez *un même sujet* (1). Lorsque l'on compare la moyenne de M. Trautscholdt, à celle de M. Galton, on voit qu'elles diffèrent du simple au double environ, 723 et 1,3".

---

(1) Voyez plus haut les chiffres cités pour la durée du temps d'association chez M. Trautscholdt.

En résumé, les travaux de psychophysiologie entrepris jusqu'ici pour mesurer la durée des phénomènes conscients, donnent des indications plutôt que des résultats.

Sans doute, ces indications sont d'importance capitale, et les psychophysiologistes, M. Wundt en tête, ont ouvert une voie autrement large et sûre que celle qu'avait tenté de créer les psychophysiciens. Mais à cause de la nature même des questions étudiées, à cause des préoccupations métaphysiques qui les hantent, les psychophysiologistes rencontrent et rencontreront toujours des difficultés presque insurmontables. En fait, ils donnent une réalité objective aux modifications conscientes. — On mesure la durée de l'aperception par exemple sans avoir expérimentalement établi que l'aperception existe ou si l'on veut qu'elle diffère *réellement* de la perception. — On prend pour point de départ les idées que nous avons actuellement sur le psychique et l'on tente de les étudier scientifiquement.

L'étude des faits et des faits seuls, en dehors de toute préoccupation théorique, nous donnera non seulement des conclusions plus exactes, mais nous fera mieux connaître la nature même du domaine conscient et modifiera sans doute l'idée que nous en avons.

CHAPITRE TROISIÈME

LA PSYCHOLOGIE EXPÉRIMENTALE

A l'origine, la psychologie scientifique apparaît telle qu'une métaphysique. Comme les métaphysiciens, Fechner poursuit la solution d'un problème transcendant, la nature des rapports existant entre l'âme et le corps; mais ses procédés d'investigation sont ceux que l'on emploie dans les sciences physiques. C'est une erreur commune à beaucoup d'hommes de croire qu'il n'existe qu'une seule voie qui mène à la vérité, celle qu'ils pratiquent habituellement. J'ai entendu des mathématiciens démontrer, par les méthodes du calcul des probabilités, l'impossibilité du fait de l'évolution et des anatomistes nier l'existence de ce qui ne se rencontre pas sous leur scalpel. A chaque sorte de problème il faut appliquer l'espèce de solution qui convient : la déduction en algèbre, l'expérimentation en physiologie. Or, si les phénomènes conscients sont susceptibles d'être étudiés par la méthode expéri-mentale, les problèmes transcendants comme ceux de la nature de l'âme sont à tout jamais soustraits à l'expérimentation.

Fechner a cru que les procédés qui réussissent en physique, donneraient des résultats non moins beaux en psychologie et il a entrepris une tâche au-dessus de ses forces. Cependant toute recherche expérimentale sur un sujet quelconque donne toujours certains résultats, ne fût-ce que négatifs.

Les nombreuses expériences de Weber et de Fechner ont d'une part montré la fausseté de l'hypothèse fondamentale des psychophysiciens ; elles ont apporté d'autre part quelques conclusions nouvelles intéressantes à plusieurs points de vue. C'est aux recherches des psychophysiciens en effet que nous devons la notion si intéressante du seuil de la sensation ; c'est grâce à l'échec des tentatives de Fechner, que nous savons combien les hommes diffèrent entre eux au point de vue de la finesse des divers territoires du système nerveux sensitif. C'est enfin grâce à de nombreux travaux de psychophysique que nous devons de posséder des méthodes définitives pour l'étude de certains phénomènes conscients.

Moins exclusifs que les psychophysiciens, les psychologues de l'école de Leipzig n'ont point renoncé à établir la loi psychophysique ; mais, considérant qu'outre ce problème spécial des rapports entre l'âme et le corps, beaucoup d'autres sont susceptibles d'être étudiés par les méthodes des sciences naturelles, ils entreprirent l'étude qualitative et quantitative des phénomènes psychiques. Chez eux, comme chez leurs prédécesseurs, on trouve le souci de résoudre les problèmes métaphysiques. M. Wundt est spiritualiste, et les développements purement philosophiques qu'il a donnés à son œuvre trahissent ostensiblement ces préoccupations métaphysiques. En psychologie, il a voulu aider l'introspection en y ajoutant l'expérimentation physiologique. Les deux procédés de recherches s'enchevêtrent dans ses travaux de psychophysiologie. C'est ainsi qu'étudiant les réactions, il distingue celles-ci en sensorielles et musculaires, etc., distinction basée au fond sur une différence subjective; que dans la mesure de la durée des actes psychiques il attribue un temps précis à l'aperception et au choix.

Certes, M. Wundt et ses élèves ne furent point les seuls à étudier la durée des opérations intellectuelles élémentaires, mais c'est sans doute à leurs préoccupations métaphysiques plus affichées qu'ils doivent d'être considérés comme plus psychophysiologistes que les Donders, les Exner et autres savants qui ont étudié les mêmes questions.

Si l'on parcourt les nombreuses études publiées dans le recueil dirigé par M. Wundt, on voit qu'elles peuvent se grouper sous trois titres principaux.

Trois genres de questions ont été surtout traités par les psychophysiologistes de l'école de Leipzig : c'est d'abord le problème psychophysique; diverses recherches eurent pour objet de déterminer si la loi de Weber et de Fechner s'applique oui ou non aux différentes sensations; c'est en second lieu un ensemble considérable de travaux sur la psychométrie. M. Wundt est un des fondateurs de cette branche psychologique, et comme tel il mérite une mention toute spéciale dans une étude sur la psychologie quantitative. Ses mesures ont porté en général sur la durée des processus conscients. C'est ainsi que l'école de Leipzig a longuement étudié les causes innombrables qui font varier les temps de réaction; qu'elle a tenté de déterminer la durée de quelques opérations mentales les plus simples. Enfin une troisième catégorie de travaux a été consacrée à des questions diverses, telles que la notion du temps, les variations de l'attention, certaines illusions et notamment les illusions visuelles.

Conduits avec un très grand souci de sincérité et une persévérance remarquable, les travaux de l'école de Leipzig, et ceux qui furent faits ailleurs d'après les mêmes principes ont apporté des résultats considérables.

Comme les recherches psychophysiques, mais beaucoup mieux que celles-ci les travaux psycho-physiologiques constituent des préparations directes à l'étude de la psychologie expérimentale, mais ce sont des préparations et non des études définitives.

La psychologie scientifique sous sa troisième forme, c'est-à-dire la psychologie expérimentale, étudie les phénomènes conscients en dehors de toute préoccupation métaphysique, et seulement comme faits observables et mesurables. Elle est née, comme je l'ai dit plus haut, en dehors de la philosophie, sur divers points du domaine des sciences biologiques. Certains historiens de la philosophie, peu au courant du mouvement scientifique de ces temps-ci, ont voulu chercher les origines de la psychologie contemporaine dans l'évolution des divers systèmes philosophiques du siècle dernier. Constatant que depuis Kant, les philosophes ont, quelques-uns du moins, modifié leurs théories, désirant les mettre d'accord avec les données des sciences expérimentales, ces historiens ont cru que la psychologie expérimentale est sortie de l'évolution des doctrines philosophiques. C'est prendre l'effet pour la cause.

Les phénomènes psychiques n'intéressent pas que

les psychologues de profession, même psychophysiciens ou psychophysiologistes; une foule de gens sont obligés par métier d'étudier les modifications conscientes. Ainsi les aliénistes et les neuropathologistes, forcés de traiter les malades présentant des troubles intellectuels, ont été amenés naturellement à étudier ces troubles pour pouvoir y porter remède. Quelque opinion qu'on ait de la nature de l'esprit, il est intéressant et surtout utile de pouvoir renforcer une attention affaiblie, restaurer une mémoire débilitée, etc. En étudiant sans préoccupations métaphysiques des faits innombrables, les aliénistes et les neuropathologistes sont arrivés à des conceptions intéressantes parce que désintéressées sur le mécanisme des phénomènes conscients.

Grâce à eux le domaine mental nous est apparu sous un jour tout nouveau : au lieu des quelques facultés simples que les métaphysiciens s'obstinaient à nous montrer dans l'âme humaine, ils ont mis en relief les diversités infinies des espèces intellectuelles. Leur conception primitive des types, mise au point par les recherches ultérieures, est une des plus fécondes qui soient. C'est vers 1875 que Charcot commença ses recherches sur les hystéro-épileptiques, en même temps à peu près que M. Wundt créait son laboratoire. Les travaux de Charcot et les observations des aliénistes ouvrirent des horizons insoupçonnés. Cependant ce domaine nouveau demeurait étranger aux psychologues de profession. C'est à M. Ribot que revient l'honneur d'avoir introduit ces données scientifiques dans le domaine philosophique. Les maladies mentales et nerveuses en disséquant les mentalités altérées ont mis en relief la complexité extrême de chaque faculté : un amnésique peut n'être qu'aphasique, un aphasique lui-même sera surtout aphasique sensoriel, un aphasique sensoriel sera principalement atteint de cécité verbale, la cécité verbale portera plus sur une forme visuelle particulière, etc., etc. Comme le disait M. Ribot : il n'y a pas une mémoire, mais des mémoires.

Ce qui est vrai pour la mémoire l'est sans doute pour les autres facultés intellectuelles, surtout l'imagination et l'intelligence. De même qu'on retient mieux sous une certaine forme, on se représente les choses et l'on pense de préférence avec telles sortes d'images.

Les variétés presque infinies de maladies nerveuses prouvent qu'il y a une presque infinie variété de compositions d'entités mentales.

A côté des aliénistes et des neuropathologistes étudiant le contenu du domaine mental en observant ses détraquements et ses imperfections, les anthropologistes aussi ont abordé le domaine psychique.

Après l'échec du système prématuré de Gall dont l'idée fondamentale était juste, Broca avait fondé la science des localisations cérébrales. En 1861, par deux autopsies il prouva que le centre du langage articulé a son siège dans le pied de la troisième frontale gauche. L'histoire des localisations cérébrales depuis Broca jusqu'à Flechsig est un chapitre des plus intéressants de la psychologie anthropologique. Malgré les contradictions et les hésitations, il reste indubitablement établi que la lésion ou l'ablation de certaines parties de l'écorce cérébrale altèrent ou suppriment certaines fonctions psychiques nettement déterminées, et que la restauration de ces mêmes parties ou l'adaptation des zones circonvoisines, rétablissent ces fonctions lésées ou disparues.

Cette vérité incontestable devait mener à rechercher dans la conformation macroscopique et microscopique de l'organisme en général et du système nerveux en particulier, et notamment de l'écorce cérébrale, les conditions des inégalités psychiques si considérables se manifestant chez des individus élevés d'une manière à peu près identique. Partant de cette idée générale exacte, que la mentalité et la moralité inégales de deux sujets élevés pareillement doivent dépendre d'une structure organique différente, Lombroso et les anthropologistes de son époque pensaient que les déformations morales pouvaient avoir pour base des tares physiques, et ils s'ingénièrent à trouver ces tares chez les criminels avérés.

Sans doute leurs conclusions hâtives ne demeureront point intactes, mais leur idée fondamentale est juste. Ils ont commis de nombreuses erreurs de détail. Ainsi l'importance accordée à l'asymétrie est, comme les travaux plus récents l'ont prouvé, au moins exagérée. Lombroso ne savait pas que tout homme normal est asymétrique et considère comme une tare l'inégalité normale de la sensibilité tactile des deux côtés du corps. Mais quand les expériences ultérieures auront remis toutes choses au point, il ressortira des observations et des expériences des anthropologistes, que les déformations morales peuvent être la conséquence naturelle d'infériorités organiques transmissibles par hérédité.

C'est encore de la psychologie que font les embryologistes quand ils recherchent dans les particularités héréditaires les causes de la transmission des caractères intellectuels et moraux des ascendants aux descendants. Question passionnante pour le psychologue qui entrevoit le rôle immense des caractères acquis sous l'influence des milieux et transmis par l'hérédité.

Les philosophes classiques rapportant toute l'activité propre de l'homme aux diverses facultés de l'âme, doivent lire avec surprise, s'ils le lisent, le livre de M. Arréat sur la psychologie du peintre. Pour un psychologue métaphysicien, une école de peinture apparaît comme le produit du libre choix d'un certain nombre d'esprits portés vers l'observation de la nature. Quand ils recherchent les causes qui expliquent l'apparition d'un ensemble d'œuvres remarquables, les historiens psychologues croient les découvrir dans certaines circonstances particulières, identiques aux diverses époques de splendeur artistique. C'est généralement chez les peuples devenus riches après de longues guerres et qui jouissent enfin d'un repos luxueux, que les arts s'épanouissent comme des fleurs merveilleuses de civilisation raffinée.

Pour un psychologue contemporain, une école de peinture est une végétation visuelle motrice qui s'est développée sur une ou plusieurs générations d'individus, de plus en plus héréditairement préparés à subir cette épidémie artistique. Sans doute il faut un certain degré de civilisation, voire de richesse pour permettre aux artistes de se développer, de cultiver leur art et d'en vivre. Dans les sociétés pauvres et besogneuses le souci des nécessités premières, ne laisse pas à ceux qui en auraient l'envie, le loisir de peindre ou de composer; ni à la société le temps et l'argent nécessaires pour admirer les œuvres d'art et les rétribuer largement. Mais lorsqu'un peuple est devenu riche, il ne lui suffit pas, pour voir s'épanouir les arts, qu'il soit capable d'encourager pécuniairement les artistes, il faut que ce peuple ait dans l'ensemble des centres visuels, auditifs, moteurs assez développés pour goûter les productions artistiques, il faut surtout qu'il se trouve parmi la foule un certain nombre de sujets particulièrement affinés. Des brodeurs, des enlumineurs finiront par prendre le pinceau et d'eux descendront des visuels moteurs plus entraînés qui deviendront des peintres célèbres. Rapprochons ces idées sur la genèse des écoles artistiques, de la conception des types intellectuels exprimables par une formule et nous arrivons à cette conclusion qu'à côté de la mentalité ordinaire dont la formule très flottante se conçoit cependant comme composée de visuelisme moyen, d'auditivisme peu accentué, etc., nous avons les mentalités spéciales, celle du peintre, par exemple, où l'importance de l'élément visuel sera dominante; cet homme mémorisera, imaginera et pensera presque exclusivement par images visuelles. Aspect analogue de la sensibilité du musicien; chez lui les images auditives motrices ont une importance extraordinaire. Chaque homme a une formule mentale différente et spéciale, mais toutes ces mentalités quelles qu'elles soient sont perfectibles aussi bien les médiocres que les éminentes. Chez un visuel éminent on peut développer les représentations auditives, et chez un musicien les représentations visuelles, ce qui aura pour conséquence d'enrichir l'imagination et la mémoire de l'un et de l'autre. Chez tout homme il faudrait cultiver les différents centres sensoriels harmonieusement. Ce devrait être là un des buts de l'éducation générale. Jusqu'ici la formation de l'esprit, l'instruction donnée dans les classes depuis l'école primaire jusqu'en rhétorique est entièrement basée sur les conceptions vétustes de la psychologie métaphysique. C'est la formation des facultés, mémoire, imagination, intelligence, volonté par des exercices généraux. On développe la mémoire en la faisant travailler d'une façon quelconque, l'intelligence en faisant répéter des opérations intellectuelles, l'imagination en travaillant sur des souvenirs, etc., exactement comme l'on développe le corps en marchant, courant et sautant sans règle ni mesure. Sans doute le travail corporel développe l'organisme, mais de quelle façon? De même les leçons forcent à faire attention, à retenir, mais développent-elles la mentalité de la meilleure façon? Les pédagogues se sont posé ces questions et à leur tour ils ont envahi le domaine psychologique avec le souci de trouver les méthodes rationnelles, l'orthopédie des facultés intellectuelles.

De tous les problèmes psycho-pédagogiques, c'est sans doute celui de l'attention qui a été jusqu'ici le plus étudié. La fameuse question du surmenage, dont toute la presse s'occupa il y a une vingtaine d'années et qui fut à cette époque portée devant l'Académie de médecine de Paris, a été le point de départ d'une foule de

travaux ayant pour but de mesurer la fatigue intellectuelle. Car, si un grand nombre de gens traitèrent cette
question de façon purement théorique, un certain nombre de psychologues et de pédagogues entreprirent de
vérifier les assertions des adversaires comme celles des
partisans des programmes scolaires existants. Les écoliers sont-ils fatigués ou trop fatigués le soir d'une
journée de classe? le sont-ils davantage les jours où les
récréations sont moins longues ou moins nombreuses?
La fatigue causée par les classes du matin a-t-elle
disparu quand recommencent les leçons de l'après-midi?
La leçon d'arithmétique fatigue-t-elle davantage que
celle d'histoire naturelle? partant laquelle de ces leçons
faut-il placer la première, etc., voilà autant de questions
que l'on tenta de résoudre non en consultant ses propres sentiments, non pas même en interrogeant les
élèves, comme l'eût fait un psychologue métaphysicien,
mais en mesurant les degrés objectifs, les marques extérieures de la fatigue intellectuelle, ou, ce qui revient au
même, en mesurant la capacité de fixer l'attention. Celle-
ci, comme chacun sait, s'épuise après un certain temps
de travail intellectuel; ou, pour être plus précis, le
travail intellectuel a un double effet : d'une part l'entraînement qui facilite l'effort, et d'autre part la fatigue qui
le rend plus pénible; le bénéfice de l'entraînement est
combattu par la fatigue et un moment arrive où celle-
ci l'emporte définitivement. Pratiquement tout travail
intellectuel devrait s'arrêter au moment où la fatigue
annihile les effets de l'entraînement, et il ne faudrait
dans aucun cas faire le moindre travail dans la période
où la fatigue l'emporte tout à fait. Or, comment mesurer

cette fatigue? Les deux principales méthodes employées et qui consistent à mesurer la prédominance de la fatigue par le défaut d'attention se réduisent d'une part à faire faire un exercice (dictée, calcul, etc.), et à compter le nombre proportionnel de fautes qu'il contient, d'autre part à mesurer la sensibilité tactile sur la peau du front au moyen de l'esthésiomètre. Je renvoie le lecteur à l'exposé des expériences de Weber, dans la première étude de ce travail.

Les innombrables travaux entrepris avec l'une ou l'autre de ces méthodes ont apporté des monceaux de documents des plus intéressants, et si l'on ne peut encore de façon certaine décider quelles sont les durées de leçons maxima les plus favorables, quels doivent être l'ordre et la longueur des temps de pause, comment doivent être distribuées les diverses sortes de leçons, on entrevoit du moins qu'un jour, peut-être prochain, ces questions fondamentales pourront recevoir une solution rationnelle basée sur des données certaines et mesurées. La pédagogie scientifique apparaît comme une suite nécessaire et logique de la psychologie expérimentale.

Que si maintenant on demande comment ces mouvements nés sur différents points du domaine biologique constituent une science unique, quel lien existe entre l'étude des modifications psychiques faites par les aliénistes, les cliniciens, les anthropologistes, les psychologues de profession et les pédagogues, quels liens font que cet ensemble d'investigations constitue une recherche unique, nous dirons que c'est la conformité de leurs caractères généraux et nous citerons les suivants :

Primo : L'absence de préoccupations métaphysiques; les différentes catégories de savants qui explorent le domaine psychique, sont poussés avant tout, semble-t-il, par un souci utilitaire et désireux de trouver immédiatement des applications : guérison des malades, amendements des enfants anormaux, orthopédie des facultés intellectuelles.

L'absence de préoccupations théoriques sur la nature du domaine psychique, permet d'observer les faits sans parti pris, de contrôler leur mécanisme par l'observation scientifique et l'expérimentation, en un mot de faire l'inventaire exact et mesuré du contenu de la conscience, estimé jusqu'ici par le sens intime. De là sortira un jour une métaphysique sans doute bien différente de celle qui fut le fond de l'ancienne psychologie ; mais les psychologues expérimentateurs, qu'ils soient aliénistes, anthropologistes, physiologistes ou simplement psychologues ne se soucient pas des théories qui sortiront de leurs découvertes, ils ne voient que les faits et traitent le psychique absolument comme une autre matière des sciences biologiques.

Secundo : Par suite de leurs innombrables observations, les psychologues expérimentateurs ont appris qu'il y a des différences et des variétés presque infinies entre les sujets qu'ils observent. Prenons un exemple dans la psychologie pédagogique : à propos du surmenage ou mieux de la fatigue intellectuelle, dont je parlais tantôt. Dès les premières expériences on s'est aperçu qu'il y avait des enfants qui à la fin d'une classe, quand leurs camarades accusaient une fatigue considérable, demeuraient eux absolument aussi sensibles aux stimulations tactiles que s'ils avaient pris un long repos. Bien plus, on a trouvé que chez quelques-uns la sensibilité au toucher loin d'avoir diminué à la suite d'une heure de leçon s'est au contraire accrue! L'observation soigneuse donne aux psychologues de l'école expérimentale une conception beaucoup plus juste de la nature de l'être conscient. Et comme conséquence de cette conception imposée par les premiers résultats de l'observation scientifique naît le souci d'étudier une question psychologique, non plus sur deux ou trois spécimens, mais sur le plus grand nombre de sujets possibles.

Tertio : Les psychologues expérimentateurs ont non seulement remplacé l'introspection du psychologue s'étudiant lui-même par l'examen du plus grand nombre possible de sujets variés, mais encore ils ont tâché de rendre autant que possible objective la valeur de leurs examens.

Si on suit le développement des méthodes en usage dans l'école expérimentale, on voit que spontanément avec une espèce de logique naturelle, on monte de l'introspection élargie, devenue examen de conscience des masses, jusqu'à la mesure précise des caractères objectifs, signes extérieurs des particularités conscientes individuelles. Au début du mouvement nous voyons fleurir le régime des questionnaires. L'introspection pratiquée sur lui-même par le psychologue le plus avisé, ne vaut dans tous les cas que comme monographie. D'aucuns ont cru naïvement que tout ce qui se passe en eux, se passe de la même façon chez chacun de leurs semblables. Le savant Stricker, lui-même, type de verbo-moteur, a conclu que chacun pense comme lui et admis à l'universalité du type, très répandu d'ailleurs dont il est un spécimen.

Les questionnaires avaient pour but de substituer à l'examen de conscience privé, un examen public portant sur des centaines voire sur des milliers de personnes. Une série de questions soigneusement formulées et judicieusement choisies était adressée directement ou par la voie de la presse à une foule de lecteurs qui y répondaient après s'être examinés plus ou moins scrupuleusement.

Ce procédé, grâce à certaines circonstances, donna parfois des résultats heureux. Dans une foule d'autres cas, les résultats que l'on en put tirer furent tout à fait inutilisables.

On essaya de remplacer le questionnaire écrit par un interrogatoire ou questionnaire oral. Le sujet mis en présence de l'auteur est plus ou moins surveillé par lui; ses réponses sont interprêtées par son attitude, son ton, etc. Quelles que soient les précautions prises, dans tous les cas on fait de l'introspection, et qui pis est, de l'introspection interprétée deux fois, par le sujet d'abord, par l'expérimentateur ensuite.

Pour éviter les défauts inhérents aux méthodes précédentes, on imagina le procédé d'enquête objective au moyen de tests. A un grand nombre de sujets, on présente des dessins, des couleurs, des chiffres, etc. Sur l'ensemble des stimulations produites on note les effets différents produits chez chaque sujet.

Ici plus d'introspection et néanmoins l'avantage d'étudier un grand nombre de sujets. Par exemple, on se présente dans une classe, car c'est surtout dans les classes qu'ont été faites les expériences sur les masses, et l'on présente aux enfants quatre lignes de longueur inégale. On prie les élèves de reproduire ces tests exactement. Cinquante, quatre-vingts, voire cent élèves reproduisent en tout deux cents, trois cents, quatre cents lignes. Celles-ci diffèrent plus ou moins des tests présentés. En général les plus longues sont reproduites trop courtes, et les trop courtes plus longues qu'elles ne le sont en réalité. On refait cette expérience dans les huit classes d'une école, donc chez les enfants les plus jeunes, les moyens et les plus âgés. Ainsi on mesure la valeur des erreurs commises en moyenne par les plus jeunes et les plus âgés, on en déduit ce que vaut leur mémoire des longueurs, etc., etc. Les expériences faites en commun, ont toutes un défaut inévitable : on n'obtient que des résultantes sans connaître exactement la valeur des composantes qui les ont formées. Cinquante élèves ont commis ensemble une erreur moyenne de 1/10, je suppose. Que vaut cette faute? Parmi ces cinquante élèves quelques-uns étaient peut-être fatigués, quelques autres pouvaient être mal disposés. Voilà deux circonstances qui changent la signification du chiffre exprimant les erreurs commises.

Pour mieux préciser la valeur d'une résultante obtenue dans des conditions variables, certains auteurs ont examiné à part au laboratoire quelques-uns des sujets ayant d'abord participé aux expériences en masse. Ils faisaient d'abord une première expérience en commun sur tous les élèves d'une classe par exemple; puis refaisaient des opérations identiques sur quelques-uns de ces mêmes élèves examinés en particulier.

De semblables travaux faits au laboratoire sur quelques sujets, voire sur un seul, ont donné des résultats intéressants. Mais en opérant sur un petit nombre on retombe dans le défaut reproché aux psychophysiciens et aux psychophysiologistes.

Enfin, et c'est là sans doute la méthode définitive, quelques psychologues, désireux de se baser sur des résultantes sérieuses, en rassemblant les conclusions tirées d'un grand nombre de cas particuliers; et d'autre part voulant connaître la valeur de chacune des nombreuses composantes sur lesquelles ils se sont appuyés, ont examiné chaque sujet à part au laboratoire, mais ont multiplié autant que possible leurs expériences. Ils ont fait des recherches expérimentales non plus sur deux ou trois sujets, mais sur soixante, cent et davantage.

De cet ensemble de recherches psychologiques entreprises par des savants se plaçant à des points de vue différents, je vais tâcher de donner une idée succincte. Choisissant quelques travaux caractéristiques, dans le vaste domaine des questions traitées, je tenterai d'établir comment spontanément pour ainsi dire les méthodes se sont perfectionnées. Ici nous ne trouvons plus comme dans les deux phases précédentes de la psychologie scientifique un chef imposant ses théories; des disciples s'attelant à une espèce déterminée de problèmes envisagés d'une façon systématique; mais une foule de travailleurs s'efforçant d'arriver à des buts spéciaux chacun de la façon qui lui paraît la plus pratique. Puis, petit à petit, par le jeu naturel de l'initiative, guidée par la critique, on arrive à perfectionner insensiblement les méthodes. Parti de l'introspection on aboutit à la détermination objective, à l'analyse qualitative et quantitative du domaine psychique chez des hommes pris en masses.

Je vais passer en revue les procédés de plus en plus parfaits d'analyse psychologique quantitative, mis en œuvre depuis les enquêtes et questionnaires jusqu'aux procédés contemporains, prenant dans chaque espèce un travail assez caractéristique pour faire voir les avantages et les désavantages des méthodes employées.

§ I. — *Les enquêtes.*

Le procédé des enquêtes fleurit surtout il y a quelque vingt-cinq ans; ceux qui lancèrent ce mode d'investigation partaient d'une idée juste. Ils voulaient remplacer la simple observation de soi-même par l'introspection de centaines, voire de milliers de sujets. Celui qui prend pour base de ses connaissances psychologiques le résultat de ses auto-observations, est exposé à commettre entre autres deux erreurs principales : la première, qui domine toute l'histoire de la psychologie métaphysique et même une partie de la psychologie scientifique, consiste à admettre que ce qui est vrai pour l'auto-observateur est vrai pour toute l'humanité. Sans doute les hommes sont construits sur un type uniforme et ce qui est vrai de l'un est vrai de l'autre d'une manière générale. Tout homme a un cœur, des poumons, un cerveau, se fâche quand on l'irrite,

pleure quand il est triste, rit quand il est gai. Mais le
cœur de l'un n'est pas le cœur de l'autre; la colère
de celui-ci est totalement différente de la colère de
celui-là, et l'angineux qui voudrait, d'après ses propres
sensations, juger de la résistance du cœur d'un homme
normal se tromperait à coup sûr, comme l'homme normal qui voudrait prendre les habitudes d'un malade. Si
tous les hommes sont semblables d'une certaine façon,
ils sont tout aussi certainement différents d'une foule
d'autres façons. L'auto-observation peut servir de base
à une monographie, non à une science qui par sa nature
même est un système de connaissances générales.

Un second défaut résulte pour l'introspection de
la part que l'imagination et le raisonnement ajoutent
au produit brut de l'observation. La conscience est la
vision de soi-même, mais la vision de soi-même à travers une personnalité.

Le procédé des enquêtes supprimait, ou du moins
semblait supprimer le premier des inconvénients de
l'introspection.

En plongeant le regard dans des centaines, des
milliers de consciences différentes, en observant un
nombre considérable de personnalités on évitait le ris-
que de généraliser un cas particulier, on se trouvait
dans les meilleures conditions pour démêler dans les
innombrables variétés individuelles les éléments essen-
tiels constitutifs des divers genres de mentalité.

L'histoire des enquêtes par questionnaire et même
celle des enquêtes orales est là pour montrer qu'on se
faisait sur ce procédé d'investigation scientifique de
singulières illusions. Pourtant la méthode réussit quel-

quefois. Galton que l'on considère généralement comme l'inventeur des enquêtes psychologiques, a obtenu des résultats brillants. Ce sont les enquêtes qui lui révélèrent l'existence d'un certain nombre de personnes pensant sans le secours d'aucune image visuelle. Mais Galton lançait ses questionnaires dans son pays, et les Anglo-Saxons ont peut-être une disposition à s'analyser, un amour des faits exacts, comme disait Taine, qui permet de croire à la sincérité relative de leurs réponses. Dans la plupart des cas le procédé a lamentablement échoué. Bien souvent sur des milliers de questionnaires lancés dans la circulation, il en revient à l'auteur quelques centaines tout au plus. L'avantage du grand nombre des sujets observés disparaît par là même.

Si maintenant on examine la valeur des réponses obtenues on constate que, sauf pour quelques questions très simples, ces réponses sont généralement vagues. Sont-elles du moins sincères?

Je ne le crois pas quand je réfléchis aux causes innombrables d'erreur! Le sujet s'observe mal, il traduit inexactement, et surtout il embellit, il veut se montrer sous un jour favorable, de façon à pouvoir affronter la publicité de l'expression écrite.

Sa réponse, il la rédige chez lui, sans témoin, après avoir mûrement réfléchi et composé ses phrases.

Que de causes de déformation!

L'enquête orale évite quelques-uns de ces inconvénients.

L'observateur voit le sujet, comprend par son attitude le sens de ses paroles, peut expliquer une question vague, élucider une réponse obscure; le sujet est forcé de répondre d'emblée; sans composer ni orner sa réponse.

Dans l'une, comme dans l'autre forme d'enquête, le second défaut inhérent à l'auto-observation, c'est-à-dire la part due à l'interprétation, non seulement demeure mais est même renforcé. Ici les résultats bruts de l'introspection sont interprétés une première fois par chacun des sujets, une deuxième fois par l'observateur lui-même qui *traduit* les réponses. En résumé, quand le problème étudié est suffisamment clair et facile à comprendre, quand il est possible de le réduire en un petit nombre de questions tellement précises, qu'elles comportent des réponses infiniment simples comme oui et non, le système des enquêtes écrites et plus encore, celui des enquêtes orales peut donner des résultats sérieux; mais dans l'immense majorité des cas, il ne fournit que des matériaux disparates et inutilisables.

Parmi les multiples enquêtes entreprises en différents pays il en est qui furent fort bien conduites. J'ai cité Galton, je dois mentionner les enquêtes orales faites par M. Ribot, et parmi celles qui furent faites sous forme de questionnaire, l'enquête que M. Binet adressa aux joueurs d'échecs et qu'il a publiée dans les journaux spéciaux.

Parmi les enquêtes faites sur des questions de psychologie quantitative, je choisis celle que fit, il y a quinze ans, M. G. Saint-Paul, sur le langage intérieur. L'auteur définit nettement son but. Les hommes pour penser se servent d'images; mais tous n'emploient pas les mêmes sortes de représentations, ou mieux, chez chacun ne domine pas la même sorte d'image.

Les uns sont plus visuels, d'autres plus auditifs, d'aucun plus moteurs, etc. L'auteur admet qu'en général les hommes pensent avec des images visuelles et des images verbales. En d'autres termes que les représentations sur lesquelles nous faisons tout notre travail mental sont des choses et des mots. C'est très probablement inexact. Il y a évidemment d'autres sortes de mentalités que celle des visuels-verbaux. Quoi qu'il en soit, les hommes emploient entre autres pour penser des représentations verbales. Nous pensons avec des mots et notamment avec des mots d'une forme spéciale, nous pensons dans une langue déterminée, généralement celle qui nous est la plus familière. Nous pensons quelquefois en plusieurs langues, ordinairement sur des sujets différents.

Donc, puisque nous pensons avec des images verbales, il est intéressant de savoir quelle est la forme que prennent habituellement ces mots chez tel sujet, si c'est la même que celle qui prédomine chez tel autre, ou si d'une manière générale on trouve chez les hommes, telle forme plus répandue, telle autre plus rare.

L'auteur a fait un questionnaire assez long, et judicieusement composé, il l'a adressé à un grand nombre de sujets choisis surtout parmi des intellectuels, des hommes ayant une culture au-dessus de la moyenne. Se basant sur les réponses reçues de deux cents d'entre eux il établit une classification des types verbaux.

Le questionnaire porte sur l'acuité des divers organes des sens, sur la mémoire des sensations, sur

le langage intérieur, sur les rêves, les aptitudes générales et contient enfin des demandes de renseignements généraux. Pour donner une idée de la précision
du questionnaire, je transcris quelques questions.

A. *Audition verbale.* — Lorsque vous pensez, êtes-
vous de ceux qui entendent en dedans d'eux-mêmes,
intérieurement, mentalement tous les mots de leur
pensée, comme Rivarol qui déclarait que dans la
retraite et dans le silence un homme, en méditation
entendait en lui-même, une voix secrète qui lui nommait tous les objets auxquels il pensait !

B. *Imagination verbale visuelle.* — Êtes-vous de
ceux au contraire qui lisent les mots de leur pensée
comme s'il étaient écrits devant eux? Ainsi Charma
qui disait : « Nous pensons notre écriture comme nous
écrivons notre pensée ». Est-ce dans ce cas votre
écriture que vous lisez, ou bien sont-ce des caractères
d'imprimerie? Comment sont disposées les lignes?

C. *Articulation verbale.* — Appartenez-vous enfin
à la catégorie de ceux qui parlent mentalement les
mots de leurs pensées? Êtes-vous comme Montaigne
qui nous dit : « Ce que nous parlons, il faut que nous
le parlions premièrement à nous et que nous le fassions
sonner en dedans de nos oreilles avant que de l'envoyer aux étrangères ».

Il est impossible de poser plus clairement les
questions, illustrées chacune par un exemple typique.

Certes, s'il n'y avait eu parmi les sujets interrogés
par l'auteur que des verbo-auditifs, des verbo-visuels
et des verbo-moteurs, les réponses nettes se fussent
produites pour ainsi dire d'emblée et l'on aurait pu

diviser les 200 sujets en trois catégories bien distinctes.

Malheureusement la classification qui semblait si simple quand on examinait la question théoriquement, n'apparaît plus du tout telle quand on essaie de classer les réponses obtenues.

Les sujets ne se divisent nullement en trois espèces définies. Il y a des combinaisons innombrables de types intermédiaires et d'aucuns qu'il est impossible de classer par la raison qu'ils agissent tantôt comme les types d'une espèce, tantôt comme ceux d'une tout autre espèce. En compulsant ses réponses, extrêmement intéressantes pour la plupart, recueillies après quelques semaines, voici comment l'auteur a cru devoir classifier les types. (Le travail a porté sur les réponses des 200 premiers sujets.)

Le verbo-auditif subit les représentations de ses mots sous forme de sons qui retentissent intérieurement en lui, c'est à peu près le type qui entend comme Rivarol, il n'articule pas les mots qu'il pense, « quand il apprend par cœur il ne remue pas les lèvres ».

L'auditivo-moteur verbal entend à la fois et parle sa pensée ou bien simultanément, ces cas semblent bien rares, ou bien successivement, comme cela se rencontre chez les sujets qui font intérieurement des conversations, ou des dialogues, qui parlent et entendent une voix qui leur répond.

Le verbo-moteur est un être tout de réaction, il parle sa pensée. C'est le type si bien décrit par Stricker. Il a dans les muscles phonateurs les contractions appropriées pour exprimer toutes ses représentations mentales. C'est à ce type que semble avoir appartenu Montaigne qui dit : « *Ce que nous pensons il faut que nous le parlions à nous et que nous le fassions sonner en dedans de nos oreilles* (1) ».

Les sujets de ce type pensent sous forme de discours. Parfois le discours ne demeure pas simplement mental, les contractions des muscles phonateurs acquièrent une intensité telle que le sujet parle réellement.

Le Numa Roumestan de Daudet, réalise ce type de verbo-moteur. Pour penser il a besoin de parler.

Deux remarques sur ce type : la première est de l'auteur lui-même : le verbo-moteur entend généralement son propre discours intérieur, il serait donc en même temps verbo-auditif? Non, dit M. Saint-Paul, car cette audition n'est qu'une conséquence de son articulation et de plus elle est tout à fait accessoire, le verbo-moteur peut penser sans le secours de ces images consécutives. J'ajoute une seconde remarque, c'est que tout homme sous l'empire d'une émotion intense semble porté à exprimer tout haut ses pensées, à devenir un verbo-moteur caractérisé. Remarquons encore que le verbo-moteur se conçoit sous deux formes : celui qui articule, celui qui écrit ses mots.

Le *moteur*, intérieurement mime sa pensée. Il faut le distinguer du verbo-moteur et du grapho-moteur. Ici les pensées du sujet se traduisent par des contractions appropriées d'un grand nombre de muscles du corps, et spécialement par des jeux de physionomie,

____

(1) Thèse de M. G. Saint-Paul, p. 66.

des ébauches de gestes. Lorsque ces types moteurs entendent ou lisent un récit ils prennent, en partie du moins, les attitudes correspondant aux évènements. Le type moteur est reconnaissable à ses allures, les moteurs sont des gesticulateurs.

Le *verbo-visuel moteur* est le type qui spontanément à la fois prononce et lit les mots de ses pensées.

Le *verbo-visuel,* découvert par Galton, lit mentalement devant ses yeux ses pensées écrites ou imprimées généralement en noir sur fond blanc.

L'*auditivo-visuel verbal* à la fois voit ses pensées écrites et les entend résonner intérieurement.

Ce type est exceptionnel. L'auteur n'en cite que deux cas, l'un par simultanéité, l'autre par succession.

Enfin le *type indifférent* est celui qui pense tantôt avec telles images, tantôt avec telles autres.

Quand on lit attentivement les nombreuses réponses recueillies par M. Saint-Paul, on est frappé entre autres de voir que, comme je le disais tout à l'heure, des sujets qui semblent appartenir à un type bien défini quand on examine l'ensemble de leur vie mentale, agissent comme des types tout à fait différents pour une certaine forme d'occupations intellectuelles particulières. Je n'en veux citer que deux exemples. — M. Claretie écrit : « *Je lis* devant moi ce que je pense. *J'entends parler l'espagnol en moi* ». M. Coquelin cadet, qui n'est pas verbo-moteur en général, le devient pour ses rôles, qui lui apparaissent avec tous les mots, les points, les virgules, les taches même.

La conclusion qui s'impose après avoir pris connaissance du travail de M. Saint-Paul, c'est qu'il existe sans doute des types divers de verbaux, mais que ces types eux-mêmes sont assez mal déterminés. Au lieu des trois classes bien définies : auditifs, visuels, moteurs, on trouve une division beaucoup plus compliquée, et encore, semble-t-il, ces nombreux types sont plus ou moins flottants.

C'est ce que l'auteur lui-même reconnaît en disant avec beaucoup de modestie : « De conclusion de ces premières recherches, on n'en peut attendre que de très générales, s'il est des résultats il est encore davantage d'hypothèses » et plus loin : « Un autre point sur lequel il est utile d'insister, c'est que les types purs (Stricker, Egger, etc.), s'ils ne sont pas exceptionnels sont du moins rares. »

C'est en tenant compte de ces réserves qu'il faut lire le tableau final, donnant sur 200 sujets le pour cent des différents types :

A. Types à prédominance de verbo-articulation mentale 72
B. Types à prédominance de verbo-audition mentale 28
C. Types alternants, tantôt du type A tantôt du type B 20
D. Types à prédominance de verbo-visuéiisme vrai 12
E. Types alternants tantôt comme ceux de A tantôt comme ceux de B. 15
F. Types verbo-visuels moteurs 20
G. Auditivo-visuels : par simultanéité 1
            par alternative 1
H. Verbo-indifférents : par simultanéité 0
            par alternative 1
I. Indéterminés 30
                     Total 200

M. G. Saint-Paul a publié un ouvrage ultérieur (1)

----

(1) *Le langage intérieur*, Paris, F. Alcan, 1904.

traitant de façon plus complète la question du langage intérieur. Mais comme nous faisons ici non pas l'histoire d'une question de psychologie, mais l'histoire d'un mouvement, la thèse basée sur le questionnaire nous a semblé plus intéressante.

§ II. — *Expériences sur les masses.*

Aux enquêtes sur les masses se substituèrent peu à peu les expériences avec tests. Ce sont surtout les pédagogues ou mieux les psychologues à préoccupations pédagogiques qui usèrent de cette méthode. D'innombrables travaux furent entrepris surtout sur les élèves des écoles. Ce sont des sujets tout désignés. Ils sont nombreux, on en trouve de différents âges depuis cinq à six ans jusqu'à vers quatorze à quinze ans et plus âgés encore dans les établissements d'humanités ou les écoles professionnelles. Ils sont disciplinés, habitués à répondre par écrit, plus ou moins dressés à l'obéissance. Enfin c'est chez eux notamment qu'il est le plus aisé d'étudier les questions pédagogiques, le développement des facultés intellectuelles, mémoire, imagination, attention, et en particulier la fatigue intellectuelle.

J'examinerai deux travaux seulement, l'un portant sur la fatigue, l'autre sur le développement d'une faculté, la mémoire immédiate.

La première de ces études a été faite par M. Joh. Friedriech.

Les résultats en furent publiés dans la *Zeitschrift*

fur Psychologie und Physiologie der Sinnesorgane (1), c'est un travail fort consciencieux et très méthodique, un des meilleurs à coup sûr qui ait paru sur la question. Il montre à quelle précision l'on peut arriver en employant des méthodes relativement simples. L'auteur se propose d'atteindre un triple but, déterminer :

1° La qualité du travail intellectuel aux différentes heures du jour;

2° L'influence de la durée des leçons sur l'aptitude au travail des élèves;

3° L'influence des temps de pause.

En d'autres termes comment travaille-t-on aux différentes heures d'une journée de classe? Quelle fatigue résulte des leçons plus ou moins prolongées? Jusqu'à quel point cette fatigue est-elle combattue par les récréations et quelle est la meilleure distribution de ces temps de pause?

Les expériences ont été faites sur 51 élèves âgés en moyenne de dix ans. Pendant les 6 semaines qu'ont duré les recherches, l'enseignement se faisait absolument comme d'habitude.

Deux méthodes furent employées pour mesurer le degré de fatigue ou plus exactement la résultante entre ces deux composantes : entraînement et fatigue. D'abord la méthode des dictées. L'auteur dictait douze phrases choisies de façon à présenter des difficultés égales. Chacune des phrases était formée avec soin et se composait d'un nombre à peu près équivalent de lettres. Pour le fond et la forme, ces dictées ne s'écar-

---

(1) Voss, éditeur, Hambourg et Leipzig, 18 décembre 1896, p. 1 à 53.

taient pas de celles que les élèves faisaient habituellement. Chaque mot difficile avait été expliqué, épelé et écrit au tableau. Toutes les phrases présentaient des difficultés égales. L'auteur en a fait la preuve en dictant un jour les douze phrases dans un certain ordre, puis un autre jour longtemps après, dans l'ordre inverse. Dans le premier cas comme dans le second, le nombre des fautes commises est allé en augmentant de la première phrase à la dernière.

Pour chaque expérience on a toujours procédé de façon identique : l'auteur lit une première phrase; deux élèves la répètent clairement à haute voix, ceci afin d'être sûr que les élèves ont bien compris. Puis tous les élèves écrivent la phrase entendue. A un signal, ils lèvent tous la tête étant mis ainsi dans l'impossibilité de relire leur texte et de le corriger éventuellement.

On suivait le même procédé pour la lecture et la copie successive des onze phrases suivantes. La lecture et la transcription de chaque phrase prenait en moyenne 2 1/2 minutes. L'ensemble des exercices une 1/2 heure.

Les expériences, toujours régulièrement conduites comme il vient d'être dit, ont été faites à des heures différentes après une période de travail plus ou moins prolongée entrecoupée ou non par des temps de repos variables.

Les expériences ont duré six semaines.

Dans ses résultats l'auteur a tenu compte des fautes et aussi des corrections de fautes faites par les élèves eux-mêmes.

Quand on examine le tableau résumant les fautes commises dans les dictées faites aux différentes périodes du jour, on est tout d'abord frappé de voir que la fatigue intellectuelle se fait sentir toujours de la même façon dans le cours de l'exercice de dictée lui-même. Sauf pour le premier de tous les exercices, on trouve une courbe uniforme; la ligne des ordonnées monte depuis la première phrase jusqu'à la dernière. Mais cette ligne présente une, parfois deux cassures. Il semble y avoir au cours de l'exercice, un brusque regain d'attention.

Examinons le nombre total des fautes commises par le groupe des 51 sujets aux différents moments de la journée de classe.

Nombre de fautes commises le matin :

Avant la première heure	47 fautes (1).
Après 1 heure	70 fautes (2).
Après 2 h. (8 m. récréat.)	122 —
Après 2 h. (sans récréat.)	158 —
Après 3 h. (2 récréations)	172 —
Après 3 h. (1 récréation)	183 —

Nombre de fautes commises l'après-midi :

Avant la 1re heure	62 —
Après la 1re h. (gymnastique) . . .	152 —
Après 2 h. (15 m. récréat.). . . .	107 —
Après 2 h. (sans récréation) . . .	189 —

Une remarque s'impose à propos du chiffre de 152 fautes obtenues l'après-midi dans des conditions tout à fait spéciales : c'est en effet après une heure de gymnastique que se révèle cet énorme accroissement de fatigue intellectuelle. Il y a longtemps que les phy-

---

(1) En réalité il ne subsistait que 33 fautes, 14 ayant été corrigées par les élèves eux-mêmes.

(2) 58 fautes, 12 corrections.

siologistes ont démontré que la fatigue physique ne délasse pas du tout le cerveau.

Si on examine l'ensemble de ces chiffres, on voit que, d'une manière générale, la fatigue intellectuelle d'un écolier croît le matin comme l'après-midi depuis le commencement des leçons jusqu'à la fin. On voit que la fatigue est au minimum le matin, que l'après-midi, même après un repos de 3 heures, elle est plus grande que le matin.

Ce n'est peut-être pas la fatigue intellectuelle proprement dite qui est la cause de l'augmentation, légère d'ailleurs, des fautes commises au début de l'après-midi. Je suis fort tenté de croire que le travail de la digestion y est pour une part et cela d'autant plus que l'accroissement proportionnel des fautes après 2 heures de travail, que cet accroissement, dis-je, est plus marqué le matin que l'après-midi. En effet on note 122 fautes après deux heures de classe le matin; ce total rapporté au nombre de 47 fautes commises au début de la matinée, représente près du triple. Après 2 heures de classe de l'après-midi le nombre des fautes n'est que de 107, moins que 122; et rapporté au nombre de fautes commises au début de l'après-midi, 67, ce n'est pas même le double.

Les chiffres montrent encore de façon evidente l'influence bienfaisante des pauses ou récréations. Mais ici l'auteur aurait pu pousser ses expériences plus loin. La question du nombre et de la répartition des récréations est exrrêmement complexe. Il faut tenir compte de leur influence sur les deux facteurs : l'entraînement d'une part, la fatigue de l'autre. Une récréation mal placée reposera sans doute, mais si elle contrarie les effets de l'entraînement, son action sera plutôt nuisible. Il faudrait connaître la durée exacte de la prédominance de l'entraînement et cela aux différents âges et chez les différents sujets (filles et garçons); c'est là un problème fort complexe, je l'avoue, mais capital. Tant qu'il ne sera pas résolu, il sera impossible de distribuer les temps de récréations de façon rationnelle. L'auteur a cru pouvoir conclure de ses données qu'un repos de 8 minutes après une heure est préférable à un repos de 15 minutes après 2 heures; que 2 récréations de 15 minutes valent mieux qu'une seule de la même durée, mais ce ne sont là que des indications générales.

On pourrait objecter que la méthode des dictées ne donne pas une mesure exacte de la fatigue; pour éviter ce reproche et prouver que le nombre des fautes commises en écrivant des phrases est bien dû à la fatigue, l'auteur a recours à un autre procédé, celui des opérations d'arithmétique relativement simples : additions et multiplications.

Chaque série d'expériences comprenait cette fois au lieu de douze phrases, dix opérations, à savoir : cinq additions et cinq multiplications, présentées de telle façon qu'une addition fût suivie d'une multiplication et celle-ci d'une addition.

Les nombres à additionner se composaient tous les deux de 20 chiffres chacun et étaient formés en plaçant sans ordre, côte à côte, deux fois la série de dix chiffres de 0 à 9. Pour les multiplications on prenait comme multiplicande le premier nombre à additionner et comme multiplicateur les nombres 2 à 6.

Ces données n'étaient pas énoncées de vive voix comme les phrases des dictées, mais imprimés sur une feuille de papier. Il y avait un espace suffisant pour inscrire au-dessous des données les résultats des opérations.

Les dimensions des caractères imprimés étaient de 4 millimètres, ce qui empêchait de confondre des chiffres qui se ressemblent.

Le travail de calcul commençait à un signal donné et cessait après vingt minutes. Après ce délai on ramassait toutes les copies.

Quand on examine les résultats obtenus dans chacun de ces exercices, on constate que le nombre des fautes de calcul suit ici encore une courbe uniforme, et va en augmentant du commencement à la fin de l'exercice. L'auteur additionne le nombre de fautes commises dans les 5 premières opérations puis dans les 5 dernières. La proportion des erreurs est toujours plus considérable dans cette seconde moitié.

Ainsi dans le premier exercice, avant la première heure de classe du matin, le nombre de fautes commises est de 112 (1) en tout, dont 49 seulement dans les cinq premiers problèmes et 63 dans les cinq derniers. Cette inégalité devient beaucoup plus sensible quand le nombre total des fautes augmente, donc quand la fatigue s'accroît.

Ainsi après 3 heures de classe le matin, heures séparées par deux récréations de 15 minutes, les fautes

---

(1) Ici on ne compte que les fautes seules, en négligeant celles que les élèves eux-mêmes ont corrigées.

dans les cinq premiers problèmes montent à 75, dans les cinq derniers à 126, soit dans le rapport de 3 à 5.

Les expériences ont été, comme les précédentes, régulièrement conduites et faites systématiquement au début des classes, matin et après-midi, après une, deux, trois heures de travail entrecoupées ou non par des temps de pause.

Nombre des fautes

Le matin avant la 1re heure de classe	112 (1)
Après la 1re heure de classe	179
— 2 heures (récréation de 8 minutes) . . .	201
— 2 heures (pas de récréation)	207
— 3 heures (2 récréations de 15 minutes) . .	201
— 3 heures (une récréation après la 2e heure) . .	230
— 3 heures (sans pause)	236
L'après-midi avant la 1re heure	186
Après la 1re heure	199
— la 2e heure (récréation intercalée) . .	218
— la 2e heure (sans récréation) . . .	251

Ici encore on constate que le nombre des fautes commises au début des leçons de l'après-midi est supérieur à celui que l'on commet le matin à 8 heures. Quand on compare les chiffres du matin : 112, 201 et 207, la différence est beaucoup plus grande qu'entre ceux de l'après-midi : 186, 218 et 251. Ce qui confirme l'interprétation donnée plus haut. La fatigue semble moindre mais la digestion contrarie le travail intellectuel.

Les conclusions générales que l'auteur croit pouvoir tirer de ses expériences sont les suivantes :

---

(1) C'est-à-dire 112 fautes. Il y avait en outre 50 fautes corrigées. Je note les fautes seulement.

I. A mesure que le travail se prolonge, l'aptitude des élèves à faire ce travail va en diminuant; ceci s'appuie sur le fait que dans toutes les dictées, sauf celle qui a servi de tout premier exercice, le nombre de fautes va en augmentant depuis le premier tiers jusqu'au dernier, et que dans les problèmes les fautes sont toujours plus nombreuses dans les cinq derniers que dans les cinq premiers.

II. En augmentant la durée des leçons, on diminue la valeur du travail.

Les travaux les moins bons sont ceux qui se font à la fin de la matinée et à la fin de l'après-midi, après 3 ou 2 heures de classes ininterrompues. Et les 3 heures de repos de midi ne suffisent pas à défatiguer complètement du travail du matin. — Je conteste cette dernière conclusion.

III. Les pauses sont toujours favorables. La double récréation, 2 fois 1/4 d'heure le matin, a la meilleure influence. Conclusion pratique : il faudrait après chaque heure de classe une récréation de 8 à 10 minutes. En outre il faudrait faire le matin les leçons difficiles et réserver pour l'après midi les leçons faciles: chant, calligraphie, etc.

Le travail de M. Friedrich porte sur les variations du degré d'attention aux diverses heures du jour. MM. Binet et Henri ont tenté de mesurer chez les enfants la force d'une faculté intellectuelle : la mémoire ou mieux une forme spéciale de la mémoire, celle des mots et celle des phrases. M. Binet a fait de nombreuses expériences sur les écoliers; résumons très brièvement son travail sur la mesure de la mémoire des mots.

Les opérations ont porté sur 380 enfants, jeunes garçons fréquentant les écoles primaires de Paris et dont l'âge variait entre huit et treize ans.

Les expériences ont été faites dans les conditions suivantes :

Le directeur de l'école se rendait avec les expérimentateurs dans les différentes classes, faisait donner à chaque élève une feuille de papier sur laquelle l'enfant inscrivait son nom, son âge, le nom de la classe et celui de l'école. Le directeur expliquait fort clairement comme on allait procéder, il annonçait le nombre de mots qu'il allait prononcer, avertissait les élèves qu'ils eussent à écouter avec le maximum d'attention, et leur recommandait de ne prendre la plume pour écrire que lorsque le dernier mot de la série aurait été prononcé.

On a exercé pendant tout le temps des o ...tions la surveillance la plus minutieuse afin d'éviter que l'un ne copiât les résultats de l'autre; on a d'ailleurs malgré cette précaution cru devoir supprimer les copies qui semblaient le moins du monde suspectes.

On énonçait donc sept fois sept mots, s'arrêtant après chaque série le temps nécessaire pour permettre aux écoliers de transcrire ce qu'ils avaient retenu.

Différentes conclusions découlent de ces expériences. L'influence minime en fait, de l'âge, l'influence du nombre des mots présentés, sur le nombre total des mots retenus, etc., et cette conclusion-ci, plus inattendue, que les enfants retiennent moins de mots, les adultes davantage. Je n'insiste pas sur les résultats. Ce qui importe ici c'est le procédé opératoire lui-même, la façon dont on s'y prend pour étudier une question sur une masse de sujets réunis.

Comme je l'ai observé plus haut, le principal défaut de ces expériences est qu'on ne connaît pas suffisamment la valeur des innombrables composantes qui servent à former la conclusion résultante.

Ainsi pour la fatigue intellectuelle au début et à la fin de la matinée; on mesure cette fatigue par le nombre des fautes commises. Or, ce nombre dépend de deux causes, la fatigue d'une part, l'infériorité intellectuelle d'autre part. Supposez les mêmes problèmes faits par d'autres enfants du même âge, mais généralement plus intelligents, le nombre des fautes, toutes choses égales d'ailleurs, diminuera. Or, dans une classe de 51 élèves la fatigue résultant des leçons est très irrégulièrement répartie. Les bons, ceux qui auront travaillé seront fatigués, les médiocres et les cancres qui n'ont rien fait durant cette leçon le seront moins! Par contre ces derniers contribueront largement à augmenter le nombre de fautes. Il est probable que leur apport sera à peu près le même au début et à la fin des leçons. La différence résultera alors surtout de la fatigue des bons. M. Friedrich, qui a soigneusement examiné les copies de chacun de ces élèves, fournit des données fort instructives à cet égard.

Ainsi sur 51 élèves, dans chacun des exercices il s'en trouve un certain nombre qui n'ont pas fait de fautes du tout; ce nombre va en diminuant à mesure que la fatigue générale augmente; de 11 (1) le matin,

---

(1) Dans les résultats des exercices de calcul.

au début des leçons, il tombe à 10 après la première heure, à 1 après 3 heures. J'avais donc raison de faire observer qu'on obtient dans ces expériences collectives un résultat brut dont la signification est bien confuse. C'est pourquoi certains auteurs ont imaginé de refaire sur quelques sujets choisis l'expérience qu'ils avaient faite sur la masse et cela afin de se rendre compte de la valeur des résultats obtenus d'abord. MM. Binet et Henri ont refait dans ces conditions la mesure de la mémoire des mots; et ils ont refait ces expériences au laboratoire; c'est au laboratoire seulement qu'on peut examiner de près les sujets. Beaucoup de travaux de psychologie expérimentale et non des moins importants, ont ainsi été faits d'après la méthode de la psychophysiologie. Nous allons en analyser quelques-uns.

§ III. — *Les Recherches de laboratoire.*

En psychologie expérimentale comme en psychophysiologie d'ailleurs on a fait un grand nombre de travaux de laboratoire, on a étudié des questions qui touchent de près ou de loin, quelquefois d'assez loin, au domaine psychique proprement dit.

Parmi ces travaux il en est de particulièrement intéressants, ce sont les analyses quantitatives et qualitatives des facultés intellectuelles. Tantôt on a étudié une faculté en particulier dans le but de démêler les causes qui assurent son développement et déterminent sa supériorité. Tantôt on s'est enquis des conditions qui distinguent les gens considérés généralement comme supérieurs à la moyenne. D'autres fois observant une espèce particulière d'intellectuels on a cherché à déterminer les conditions qui leur assurent ce développement spécial.

La faculté la plus fréquemment étudiée par la méthode expérimentale est à coup sûr la mémoire. J'ai consacré un volume à faire l'histoire critique des travaux scientifiques entrepris sur la faculté retentive (1). J'y renvoie le lecteur. Je rappellerai ici trois travaux de laboratoire qui, plus spécialement, montrent les tendances des psychologues expérimentateurs dans leurs analyses des facultés intellectuelles.

L'expérience vulgaire enseigne que nous retenons mieux ce qui se fixe dans le cerveau sous plusieurs formes sensibles à la fois. Et l'observation journalière nous révèle que ceux qui semblent doués d'une mémoire supérieure, emploient spontanément et d'instinct le procédé de fixer les impressions sous plusieurs formes simultanément. Deux travaux expérimentaux démontrent qu'il en est réellement ainsi et étudient l'apport des diverses formes de représentations. Je les résumerai brièvement.

MM. Munsterberg et Bigham (2) se sont demandé quel est l'apport de la mémoire visuelle et de la mémoire auditive chez les sujets ordinaires. La question qu'ils se sont posée est celle-ci : Que retenons-

---

(1) *La mémoire*, dans *Bibliothèque internationale de Psychologie expérimentale et pathologique*. Paris, Doin, 1902.

(2) Studies from the Harvard Psychological Laboratory dans *Psychological Review*, vol. I, n° 1, p. 34, janvier 1894.

nous mieux des impressions visuelles ou des auditives? Et lorsque à la fois les deux organes sensoriels sont stimulés y a-t-il perte ou profit pour la mémoire? Les expériences n'ont malheureusement été faites que sur cinq sujets, âgés d'environ vingt-quatre ans.

Par contre les travaux ont duré 50 heures; le nombre des séances fut donc considérable.

Les tests employés consistaient en petits carrés de papier de couleurs différentes, et d'autres carrés de mêmes dimensions et de couleur blanche sur lesquels étaient imprimés des chiffres noirs. On montrait au sujet un certain nombre de ces tests. Au moyen de doubles mis à sa disposition, il devait reproduire, de mémoire, des séries identiques.

Les séries étaient composées les unes de 10, d'autres de 20 unités.

Les tests étaient présentés tantôt sous forme purement visuelle, c'est-à-dire étalés sous les yeux des sujets, tantôt sous forme purement auditive, dans ce cas l'expérimentateur se contentait de nommer les couleurs et les chiffres; tantôt en partie sous forme visuelle, en partie sous forme auditive. Il y a eu en tout 32 espèces différentes de séries : *énoncé* de 20 chiffres, de 20 couleurs, de 10 couleurs alternant avec 10 chiffres (ainsi : vert, quatre; rouge, deux; etc.), *présentation* de 20 chiffres produits successivement ou simultanément.

Chacune des séries de 20 tests impressionnait l'organe des sens, durant 40 secondes, soit 2 secondes par test.

Les sujets n'ont pu regarder et *a fortiori* entendre

les séries qu'une seule fois et devaient les reproduire aussitôt après.

Remarquons tout d'abord que cette façon de procéder n'empêche nullement les sujets de prononcer intérieurement les noms des couleurs et des chiffres, ni d'ajouter à la représentation visuelle provoquée directement par la présentation des tests une image auditive associée, et à l'image auditive intense produite par l'énoncé, une image visuelle plus faible formée en même temps.

Le problème se réduit à ceci : lorsque, toutes choses égales d'ailleurs, on présente des tests à l'œil seul ou à l'oreille seule, ou successivement à l'un et à l'autre, dans quel cas obtient-on les meilleurs résultats au point de vue de la mémorisation?

Ainsi posé le problème offre encore au point de vue pédagogique surtout, un très vif intérêt.

Les résultats prouvent que pour les sujets examinés par MM. Munsterberg et Bigham la représentation sous forme visuelle seule est préférable de loin, à la présentation sous forme auditive seule, et davantage encore à la présentation sous les deux formes successivement. C'est-à-dire moitié sous forme visuelle pure, moitié sous forme auditive pure.

Sur cent images présentées les cinq sujets en ont retenu en moyenne 78 quand la présentation avait été faite sous forme visuelle; 68 environ quand on se contentait d'énoncer les noms des couleurs et des chiffres; et 65 seulement quand les 10 premiers étaient présentés à l'œil, les 10 derniers à l'oreille. D'où la conclusion que lorsque les mémoires visuelle et auditive agissent alternativement elles semblent se contrarier.

En comptant séparément les résultats obtenus pour la mémoire des chiffres et la mémoire des couleurs, considérées à part, on arrive à la très importante conclusion suivante : lorsque *simultanément* des images sont présentées sous la forme visuelle et auditive, le rendement de la mémoire est accru de façon très sensible.

Sur 10 chiffres entendus l'erreur moyenne pour les 5 sujets est de . . . . 14,1 p. 100

Sur 10 chiffres vus l'erreur moyenne pour les 5 sujets est de 10,5 p. 100

Sur 10 chiffres vus et entendus l'erreur moyenne pour les 5 sujets est de. . . . . 3,9 p. 100

Mêmes résultats pour les couleurs.

Sur 10 couleurs nommées les erreurs sont en moyenne de 23,9 p. 100

Sur 10 couleurs présentées les erreurs sont en moyenne de 17,9 p. 100

Sur 10 couleurs présentées et nommées les erreurs sont en moyenne de . . . . 4,9 p. 100

D'où la conclusion que, pour retenir le plus aisément et le plus complètement des tests présentés, chiffres, lettres, textes, dessins, etc., il faut à la fois les regarder et entendre prononcer leurs noms et j'ajouterai : il faut surtout le prononcer soi-même.

Le travail de M. Smith (1) le démontre à l'évidence. Cet auteur a tenté de mesurer l'influence spéciale de la mémoire motrice. Ses recherches ont porté sur cinq sujets seulement, comme les précédentes. C'est regrettable, mais il faut pourtant noter que dans un problème de cette nature les données recueillies chez cinq sujets sérieux, surtout lorsque ces données sont

(1) Dans *American Journal of Psychology*, vol. III, juillet 1896.

parfaitement concordantes ne seraient probablement pas modifiées sensiblement si le nombre des sujets était même considérablement accru.

M. Smith a eu recours à un dispositif expérimental assez compliqué. Dans une planche que l'on peut incliner à volonté s'ouvre un chassis; devant celui-ci un volet en carton se lève ou s'abaisse sous l'action d'un électro-aimant. Il y a un circuit, dans ce circuit un interrupteur, quand on abaisse celui-ci le chassis s'ouvre, quand on le relève le chassis se referme.

Un mouvement d'horlogerie, dans le genre du chronoscope, sert à mesurer les phases diverses des expériences. L'horloge étant mise en mouvement, un signal est donné; deux secondes après le volet se lève et demeure levé durant vingt secondes. Deux secondes avant la fin de cet intervalle, l'avertisseur donne un nouveau signal, puis le volet retombe.

Ce dispositif permet de montrer les tests durant des temps strictement égaux et d'éveiller l'attention des sujets au moment voulu.

Le sujet installé devant l'appareil, dans une chambre tranquille et bien éclairée, est séparé de l'expérimentateur par un paravent interposé. Les expériences ont été faites autant que possible dans des conditions identiques de temps, de milieu, etc.

Tout d'abord il s'agissait de trouver un moyen pratique d'empêcher le sujet d'articuler même intérieurement.

Divers procédés furent essayés :

Le sujet pendant qu'il fixe les images, compte à haute voix « un, deux, trois; un, deux, trois », comme un automate ou encore il chante une note, toujours la même : *sol* par exemple. Généralement, la numération à haute voix a été préférée.

Ce procédé et d'autres semblables empêchent, dit-on, de prononcer intérieurement les noms regardés; ce n'est pas toujours vrai. Rien n'est pratiquement plus malaisé que d'empêcher absolument toute tentative d'articulation.

J'ai fait de nombreuses expériences sur la mémorisation sous une seule forme, et j'ai toujours remarqué qu'à de certains moments, les sujets qui font une numération ou qui chantent un son, ralentissent ou affaiblissent cette diction ou ce chant au moment où on leur présente certains mots difficiles. Mais si l'on ne peut empêcher l'articulation d'une façon absolue, on peut dans tous les cas la réduire suffisamment pour que le secours qu'en tire la mémoire soit presque nul.

Dans les expériences de M. Smith les tests employés étaient des syllabes dénuées de sens.

La mémoire visuelle pure, ou mieux la mémoire des syllabes présentées aux regards de sujets obligés de faire des numérations à haute voix, est mesurée par le nombre d'erreurs suivantes :

Sur 100 syllabes erreurs commises par le 1er sujet	7,82
Sur 100 syllabes erreurs commises par le 2e sujet.	6,70
Sur 100 syllabes erreurs commises par le 3e sujet.	5,55
Sur 100 syllabes erreurs commises par le 4e sujet	7,47
Sur 100 syllabes erreurs commises par le 5e sujet	4,87

Soit en moyenne pour les cinq sujets 6,5 environ.

Quand les sujets peuvent articuler en même temps qu'ils regardent, le nombre des erreurs décroît.

Sur 100 syllabes les erreurs commises pour le 1er sujet sont . . . 6,49
Sur 100 syllabes les erreurs commises pour le 2e sujet sont . . . 5,44
Sur 100 syllabes les erreurs commises pour le 3e sujet sont . . . 4,19
Sur 100 syllabes les erreurs commises pour le 4e sujet sont . . . 3,70
Sur 100 syllabes les erreurs commises pour le 4e sujet sont . . . 3,25

Ce qui fait en moyenne 4,6 au lieu de 6,5.

Des résultats analogues et quelque peu plus marqués ont été obtenus par M. Cohn (1).

L'un de ses sujets commet 12 erreurs quand il prononce en même temps qu'il lit les tests, et 25 erreurs, soit le double quand il est dans l'impossibilité absolue d'articuler.

Divers travaux de laboratoire ont été entrepris pour déterminer et mesurer les qualités psychiques spéciales qui font la supériorité intellectuelle. Voilà un peintre, un musicien, un mathématicien, un poète, un romancier : quelle est la conformation spéciale de la mentalité de chacun de ces types, l'étendue et la nature de leur système de sensations, la forme spéciale de leur imagination, de leur mémoire, la puissance de leur attention, de leur pouvoir de concentration intellectuelle?

J'analyserai deux travaux inspirés par ces préoccupations, l'un de M. Binet sur les calculateurs prodiges; l'autre, plutôt une ébauche, est de M. Toulouse, c'est une étude sur Zola. Inaudi, type de calculateur et Zola type d'intellectuel.

Pour mesurer le chemin parcouru dans le domaine de l'analyse psychologique, depuis soixante ans, il faut

---

(1) *Zeitschrift für Psych. und Physiol. der Sumesorgane*, série **XV, f. 3, p. 161-184. Leipzig, 1897.**

comparer le rapport d'Augustin Cauchy sur Mondeux, à l'étude de M. Binet sur Inaudi.

Les deux calculateurs prodiges qui semblent avoir eu des procédés mentaux assez analogues, ont tous deux été présentés à l'Académie des sciences, le premier en 1840, le second en 1892. Chaque fois l'illustre compagnie nomma une commission chargée de lui faire un rapport sur les procédés employés par le sujet qu'on lui présentait. La première commission ne se composait que de mathématiciens, dont Arago et Cauchy. La seconde comprenait outre trois mathématiciens éminents, un neuro-pathologiste illustre : Charcot.

Dans le rapport de Cauchy, outre des détails généraux sur la biographie du sujet observé, il n'y a d'autre analyse des procédés mentaux que la simple constatation des opérations habituellement faites par le sujet, avec quelques remarques que la façon d'opérer de Mondeux doit naturellement suggérer à un mathématicien. Je cite celle-ci : « Quand il s'agit de multiplier l'un par l'autre des nombres entiers, Henri Mondeux partage souvent ses nombres en tranches de deux chiffres. Il est arrivé de lui-même, à reconnaître que dans le cas où les facteurs sont égaux, l'opération devient plus simple, et les règles qu'il emploie alors pour former le produit ou plutôt la puissance demandée, sont précisément celles que donnerait la formule connue sous le nom de binôme de Newton. »

On le voit, c'est un mathématicien parlant d'un autre mathématicien, d'un calculateur qu'il analyse au point de vue mathématique.

La commission de 1840 semble être partie de cette

idée simpliste qu'un calculateur doit être étudié, et ne saurait être compris que par des hommes très versés dans les mathématiques. La commission de 1892 a cru devoir s'adjoindre des psychologues. Ce fait seul montre les progrès réalisés dans la science psychique.

M. Charcot s'adjoignit M. Binet, et ce dernier profita de l'occasion pour soumettre le calculateur Inaudi à une série d'analyses systématiques qui révélèrent non seulement la nature de ces procédés mentaux, mais la valeur précise des éléments psychiques qui assurent à Inaudi sa supériorité spéciale. M. Inaudi alla au laboratoire de psychologie de la Sorbonne quinze fois dans l'espace de deux ans.

J'omets l'enquête faite sur l'hérédité, le caractère, la physiologie du sujet. Je retiens seulement ce fait caractéristique : « vers six ans il fut pris de la passion des chiffres ». En gardant son troupeau il combine des nombres dans sa tête, et ses calculs se font sur des mots, sans aide de cailloux ou autres objets.

Les opérations que M. Inaudi fait devant le public sont toutes, si longues et si compliquées qu'elles soient, faites de tête, sans écriture ou lecture de chiffres. C'est donc un calcul fait de mémoire.

Partant, l'examen du sujet doit porter sur la question de savoir quelle est chez lui la forme de mémoire des chiffres, quelle est l'étendue de cette mémoire, quel développement cette mémoire spéciale possède par rapport aux autres mémoires chez le même sujet? Tous les calculateurs prodiges sont ils construits sur le même modèle? et partant, si quelqu'un veut devenir calculateur éminent ne peut-il le faire qu'en développant la forme spéciale de mémoire d'Inaudi? Non, il y a des types tout aussi forts qui procèdent tout autrement, par exemple Diamandi. Bien plus, il y a des gens spécialement entraînés qui peuvent en imposer sans avoir aucune supériorité réelle : les simulateurs se basant sur la mnémotechnie.

De cette longue et très intéressante étude je dois me borner à résumer l'analyse qualitative et quantitative du seul Inaudi.

D'abord détermination de la forme de sa mémoire des chiffres.

Comment et sous quelle forme fixe-t-il les images des chiffres? Sous forme de sons et non de représentations visuelles. Le seul raisonnement aurait conduit à cette conclusion : en effet Inaudi, tout enfant, ne sachant ni lire, ni écrire, faisait des calculs et cela sans s'aider de cailloux ou d'objets quelconques. Il retient donc les chiffres sous forme de sons. Au laboratoire on en fait la preuve en se servant du test classique suivant. Seize chiffres disposés sur quatre lignes de quatre :

$$
\begin{array}{llll}
\text{Soit.} \quad\ldots\ldots \quad & 3 - 5 - 1 - 2 \\
& 0 - 9 - 8 - 7 \\
& 2 - 4 - 7 - 0 \\
& 9 - 1 - 0 - 2
\end{array}
$$

Si on prie un sujet d'apprendre par cœur ces 16 chiffres et qu'on l'invite après cela à les réciter non plus dans l'ordre habituel 3, 5, 1, 2, 0, 9, etc.; mais suivant une diagonale : 3, 9, 7, 2; le procédé de fixation est mis aussitôt en évidence par le temps plus long qu'il faut à l'auditif pour faire une lecture que le visuel fait naturellement d'emblée. Ce dernier qui voit intérieurement l'ensemble de chiffres écrits sur un fond imaginaire, les voit aussi aisément en diagonale, de droite à gauche, de bas en haut, que de gauche à droite et de haut en bas.

L'auditif au contraire qui ne *voit* rien intérieurement doit pour énoncer 3, 9, 7, 2 dire intérieurement la 1re rangée, puis la 2e rangée pour trouver le chiffre suivant, etc., etc., M. Inaudi, les expériences le prouvent, est auditif. Quand je dis auditif il faut entendre plus auditif que visuel, mais pas auditif pur. En effet il articule sans cesse. C'est donc un auditif moteur.

Sa mémoire auditive motrice des chiffres est d'une étendue incroyable. On mesure l'étendue de la mémoire par le nombre maximum de tests que le sujet retient immédiatement, c'est-à-dire qu'il peut reproduire correctement après une seule présentation, celle-ci prenant un temps déterminé. Ainsi le nombre de mots retenus après présentation d'une série de 7 dans l'espace de quatorze secondes, par exemple.

La mémoire des chiffres chez les adultes est de 8 à 9, voire 10 au maximum. Or, M. Inaudi est parvenu à en reproduire exactement 42.

M. Binet donne à ce propos un moyen de mesurer d'une façon absolue la supériorité de la mémoire des chiffres chez M. Inaudi. Un sujet qui retient en moyenne 9 chiffres, a besoin de deux répétions pour en retenir 10, quatre à cinq répétitions pour en fixer 12, une trentaine de répétions pour en retenir 20, etc., donc au moins une centaine de répétitions pour en retenir 42. La mémoire de M. Inaudi vaudrait cent fois la mémoire moyenne.

Enfin, M. Inaudi ne possède cette prodigieuse mémoire auditive motrice que pour les chiffres seulement. On mesure la mémoire des lettres comme celle des chiffres, en les produisant devant le sujet à une vitesse uniforme. M. Inaudi qui peut fixer 42 chiffres est incapable de retenir plus de 5 ou 6 lettres, sa mémoire des lettres est à peine égale à la moyenne. La preuve que M. Inaudi est un auditif moteur est faite par le procédé suivant : on l'oblige pendant qu'il fait ses opérations à chanter une voyelle. Dans ces conditions le travail devient infiniment plus pénible, et, ceci est concluant, dure deux à trois fois aussi longtemps !

Voilà les particularités qui expliquent la supériorité spéciale du calculateur Inaudi.

C'est un calculateur prodige procédant par images auditives motrices particulièrement intenses des chiffres.

C'est là sa façon spéciale à lui d'être calculateur, il y en a d'autres.

M. Binet a encore étudié les procédés opératoires de M. Inaudi; la rapidité de ces calculs et les procédés qu'il emploie pour faire paraître cette rapidité plus grande.

De l'ensemble de ses analyses, M. Binet a tiré la conclusion suivante : « En résumé nous voyons que les calculateurs prodiges forment réellement une famille naturelle, dont les caractères sont les suivants : pas d'influence de milieu, naissance dans un milieu misérable, précocité très grande (huit ans en moyenne), aptitude au calcul se manifestant chez l'enfant encore illettré, absorption de toute l'intelligence par les chiffres et enfin aptitude se développant par l'exercice et diminuant rapidement par le non usage (1) ».

Etudier des types pour découvrir les causes de leurs supériorités et en tirer des procédés rationnels de culture intellectuelle est un travail aussi utile à la psychologie qu'à la pédagogie.

M. Toulouse avait entrepris de faire un examen psychologique complet d'un grand nombre d'hommes célèbres dans la littérature, les sciences et les arts, son intention était de mettre en relief chez eux les conditions physiologiques et psychologiques qui les caractérisent et expliquent leur supériorité (2).

Ici, il ne s'agit plus comme pour les calculateurs prodiges de mettre en évidence les caractères mentaux qui expliquent une performance spéciale, mais l'ensemble des qualités intellectuelles qui distinguent des individus d'une certaine espèce.

L'examen d'Émile Zola constitue l'exploration systématique complète d'un sujet. Elle porte d'abord sur les conditions résultant de l'hérédité, sur les conditions somatiques générales, l'état des principaux organes, l'état des systèmes circulatoire, respiratoire, digestif et particulièrement du système nerveux. Suit l'examen psychologique de l'écrivain. Cet examen aussi complet que possible, porte sur toutes les formes de l'activité consciente. Il commence par l'étude de

---

(1) M. Binet, *Les calculateurs prodiges.*

(2) M. Toulouse, *Enquête médico-psychologique sur les rapports de la supériorité intellectuelle avec la névropathie*, I. Introduction générale, Emile Zola. Paris, Société d'éditions scientifiques, 1896.

la sensation. Quel est le développement relatif des divers organes sensoriels du sujet? Quelle est la finesse de chacun de ses organes? Le travail très consciencieux de M. Toulouse n'a pas donné tous les résultats que l'auteur espérait en tirer, et cela pour une raison tout à fait indépendante de sa volonté.

Il s'est aperçu en effet quand il a voulu exprimer d'une façon objective l'acuité sensorielle de son sujet, qu'il n'existe pas de termes de comparaison, pas d'unités de mesure. On parle, il est vrai, de l'acuité normale de l'œil, de l'oreille, etc., mais ce sont là des déterminations flottantes, qui suffisent dans la pratique ophtalmologique et otologique, et n'ont pas du tout la précision des mesures physiologiques. L'otologiste juge de l'acuité de l'oreille par la distance maxima à laquelle le sujet entend le tic tac de sa montre et l'ophtalmologiste détermine l'acuité de la rétine par l'angle le plus petit sous lequel un sujet distingue des caractères donnés. Or, la finesse du nerf acoustique doit être déterminée à deux points de vue, l'intensité et la hauteur des sons, etc. Au moment où il entreprenait l'examen des auteurs célèbres en étudiant Émile Zola, M. Toulouse ne disposait encore d'aucun des appareils qu'il a imaginés plus tard et dont nous parlerons tantôt. Il s'en suit que pour la détermination de la finesse des organes sensoriels de Zola, nous n'avons que des résultats assez disparates. L'examen de la forme prédominante des images verbales semble démontrer que Zola est plutôt un auditif. Toutefois les images visuelles jouent un rôle considérable dans certaines circonstances. L'examen de l'écriture du sujet donne lieu à quelques conclusions intéressantes. L'examen de la mémoire a été fait longuement et minutieusement. L'auteur a successivement mesuré la mémoire des sensations et constaté le développement considérable chez le sujet de la mémoire des objets. Cette mémoire des objets semble plus purement visuelle que musculaire, le sujet retient mal la forme exacte et les dimensions des objets, en outre cette mémoire des objets se fixe souvent sous la forme auditive ou auditive motrice, le sujet retient les objets par leur nom. La mémoire des couleurs considérée à part semble assez développée. Quant aux sensations olfactives elles laissent des résidus beaucoup plus considérables que ceux qui persistent chez la généralité des hommes. La mémoire des sensations générales, des émotions, des idées semble peu caractéristique.

La mémoire du langage étudié sous ses quatre formes visuelle, auditive, motrice d'articulation et motrice graphique a été faite de façon très complète. Il en résulte que Zola n'est pas un type bien déterminé, mais que ses procédés mentaux varient avec les mots et avec les exercices intellectuels. Il semble se servir surtout des images auditives et auditives motrices. « Zola est un visuel pour les objets et un auditif pour les mots (1). » L'attention du sujet a été déterminée quantitativement et qualitativement. La première détermination porte sur la durée maxima que peut durer la tension de l'esprit et la nature des exercices qui se font avec le maximum d'attention. Un peintre par

---

(1) M. Toulouse, *op. cit.*, p. 224.

exemple concentrera très facilement son attention sur les couleurs des objets; mais la durée utile de cette concentration d'attention, même pour ces sensations spéciales, sera plus ou moins longue. On a mesuré entre autres le pouvoir d'attention de Zola par la durée des temps de réaction. La principale conclusion à retenir de ces diverses mensurations est celle-ci : « Les réactions ordinaires sont un peu plus longues que la normale mais elles sont d'une régularité remarquable et indiquent une attention constante et soutenue ».

L'étude de l'association des idées montre encore que Zola est bien dans ses représentations générales un visuel, les images visuelles des choses, pas des mots, sont extraordinairement nombreuses. Les images olfactives chez ce sujet si développé à ce point de vue sont tout à fait exceptionnelles. Fort intéressantes les mensurations sur l'imagination, et en particulier l'imagination verbale, l'émotivité, la volonté, le caractère.

Il est regrettable que M. Toulouse n'ait pu poursuivre ses études. Il est évident que nous ne connaîtrons les qualités caractéristiques des écrivains célèbres qu'après une étude qualitative et quantitative d'un très grand nombre d'entre eux. Alors, et alors seulement il sera possible de déterminer quel degré de sensibilité, quel développement de mémoire, etc. sont nécessaires pour réussir dans la carrière littéraire.

Le travail de M. Toulouse, celui même de M. Binet et tous les travaux de laboratoire en général pêchent par le défaut que j'ai déjà signalé à propos des travaux de psychologie physiologique, le nombre trop restreint des sujets observés. L'idéal dans les recherches psychologiques serait d'expérimenter au laboratoire non plus sur cinq ou six sujets, mais sur un nombre assez considérable pour former une vraie masse.

§ IV. — *La méthode définitive et les unités psychiques.*

Les travaux faits sur les groupes, les élèves des écoles, par exemple, ont le défaut de donner une résultante fournie au moyen de composantes mal connues et insuffisamment déterminées.

Les recherches de laboratoire donnent des résultats plus précis, on obtient des composantes comparables, mais en nombre insuffisant pour pouvoir former une moyenne sérieuse. Si on réunissait les deux méthodes, si le nombre des sujets étudiés au laboratoire était suffisant, on aurait à la fois les avantages de l'un et de l'autre procédé. Sans doute il faut une remarquable patience pour entreprendre et mener à bonne fin des recherches aussi laborieuses et cette patience même ne suffirait pas toujours, car dans la plupart des laboratoires de psychologie la difficulté de trouver des sujets nombreux est presque insurmontable. Toutefois, certains expérimentateurs ont réussi à vaincre tous ces obstacles. Il existe un certain nombre de travaux pour lesquels on a utilisé soixante, cent, deux cents sujets, voire davantage.

Dans son excellent travail sur la puissance de la mémoire immédiate chez les enfants de huit à dix ans, M. Bourdon a procédé à l'examen individuel de plus de cent sujets, et c'est en réunissant les résultats obtenus dans ces conditions qu'il arrive à une valeur moyenne établie en se basant sur des composantes bien déterminées.

M. Bourdon se proposait de mesurer la force de la mémoire immédiate aux diverses périodes de l'adolescence.

En guise de tests il s'est servi de lettres, de chiffres, de monosyllabes, de disyllabes et de trisyllabes, présentés à chacun des sujets dans des conditions identiques bien définies. Il a conclu de ce long et minutieux travail, que la mémoire des adolescents augmente peu de huit à vingt ans, un peu plus durant la première moitié de cette période que durant la seconde.

Analyser toutes les unités d'une masse, voilà la dernière forme à laquelle spontanément est arrivée l'évolution des méthodes en psychologie expérimentale. On peut considérer cette forme comme définitive.

Tous les reproches qu'on pourrait faire aux travaux antérieurs tombent : l'analyse qualitative et quantitative d'un grand nombre d'individualités doit fatalement révéler les caractères distinctifs qui déterminent les différentes espèces intellectuelles et les différents degrés de développement mental en général. Et c'est là évidemment le but principal de la psychologie scientifique, déterminer et mesurer les conditions qui assurent le développement des facultés intellectuelles.

Depuis si longtemps qu'on tente de mesurer l'intelligence, on n'est arrivé à rien de précis et surtout à rien de pratiquement utilisable. Il faudrait refaire l'étude de l'intelligence sur un tout autre plan, observer les élèves intelligents et les autres comme le biologiste observe les espèces animales en étudiant leurs fonctions. Quelle est la finesse sensorielle des enfants et des hommes considérés comme plus intelligents que la moyenne? En général nous savons qu'un individu qui ne percevrait pas les nuances des couleurs, qui ne distinguerait pas le *do* du *ré*, un kilo de deux kilos, qui aurait en un mot une obtusité sensorielle générale serait à coup sûr un imbécile. Donc pour être intelligent il faut avoir des organes sensoriels affinés mais combien? et lesquels de préférence? Quel degré de finesse un ou quelques-uns d'entre eux doivent-ils avoir pour que le sujet soit intelligent et supérieurement intelligent? C'est ce que, à l'heure actuelle, nous ne savons pas du tout et ce que l'expérimentation pourrait cependant nous apprendre. Quel est le minimum de concentration de l'attention au-dessous duquel l'activité mentale devient médiocre? à quel pouvoir d'attention au contraire correspond la supériorité mentale? Quelle est l'étendue moyenne de la mémoire chez les intelligents et les inintelligents, quelle est la forme de mémoire qui doit être prédominante? etc.

La principale difficulté, c'est-à-dire l'exploration d'un nombre suffisant de sujets n'est pas la seule, il en subsiste une autre très considérable à savoir la fixation d'une échelle, d'une graduation de la puissance des diverses facultés.

Ainsi les travaux sur la puissance de la mémoire des lettres et des chiffres semblent établir qu'un sujet retient en moyenne cinq à six lettres. Or, c'est là une détermination très approximative, les auteurs donnent comme mémoire moyenne celle qui dans les circonstances où ils ont opéré, avec les sujets qu'ils ont examinés correspond à la fixation d'un nombre déterminé de tests. Ce n'est là en aucune façon une mesure définitive. D'abord parce que chez les mêmes sujets, un autre expérimentateur opérant de façon quelque peu différente, aurait trouvé des moyennes un peu plus faibles ou un peu plus élevées, en second lieu et surtout parce que l'on n'a plus le droit de dire que la mémoire de quelques sujets observés est celle qui se retrouve chez la majorité des hommes. Il est à peu près certain que si M. Binet ou M. Bourdon avaient opéré sur des autres sujets, des ouvriers par exemple, la moyenne des tests retenus aurait été considérablement différente.

En somme l'immense défaut presque inévitable des mensurations psychologiques basées sur les moyennes, c'est le caractère esssentiellement protéique de celles-ci parce qu'elles sont esssentiellement subjectives.

Supposons que M. Toulouse ait déterminé exactement la valeur moyenne de l'acuité des organes sensoriels de Zola, l'étendue et les formes les plus caractéristiques de son imagination et de sa mémoire. etc., etc.; on pourrait mesurer en *Zola* l'acuité sensorielle des divers organes de M. X., sa mémoire, son imagination, etc. Ou encore prenant les chiffres qui expriment la puissance de la mémoire des mots chez les élèves des écoles de Paris, on pourrait déterminer la puissance de la mémoire verbale de MM. Y ou Z en unités moyennes de la mémoire des écoliers parisiens. Une telle détermination a sans doute quelque valeur, mais combien elle est au fond vague et flottante !

Pour avoir des données de valeur constante, il faudrait avant tout avoir des unités psychiques objectivement déterminées. MM. Toulouse, Vaschide et Piéron dans leur très remarquable ouvrage sur la *technique psychologique* (1) ont tenté d'établir un système complet d'unités comparables servant à mesurer les facultés intellectuelles en général.

Sans doute leur œuvre n'est pas exempte de défauts, elle soulèvera des critiques; mais les auteurs n'ont pas eu la prétention d'imposer des unités définitives; ils présentent leur système comme un essai auquel les travaux ultérieurs apporteront des perfectionnements nombreux et donneront sa forme dernière.

Je dirai quelques mots de leurs unités psychologiques, d'abord parce que leur travail est l'effort de plus remarquable entrepris pour déterminer exactement les éléments quantitatifs en psychologie; ensuite parce que cet exposé fera comprendre mieux que tous les commentaires la profonde transformation accomplie dans la psychologie scientifique depuis Fechner jusqu'à nos jours.

Fechner voulut mesurer la nature des rapports entre l'âme et le corps, M. Wundt la durée des phénomènes psychiques, la psychologie expérimentale a tenté de mesurer la puissance des différentes facultés intellectuelles.

Il m'est impossible de résumer ici l'œuvre entière

---

(1) Dans Bibliothèque internationale de psychologie normale et pathologique, Paris, O. Doins, 1904.

de MM. Toulouse, Vaschide et Piéron, je choisirai quelques chapitres plus particulièrement suggestifs.

Tout d'abord les auteurs se sont préoccupés de la mesure objective de l'acuité des divers organes des sens, ils ont imaginé et fait construire une série complète d'appareils mesurant les diverses acuités de chaque organe par des stimulations exactement déterminées et toujours comparables.

Choisissons deux sortes de sensations : le toucher et l'audition.

La sensibilité du tact se mesure par l'écartement minimum qu'il faut donner aux deux pointes de l'esthésiomètre pour que le sujet perçoive encore un double contact. En théorie il semble très facile de mesurer par la méthode esthésiométrique la sensibilité au toucher. En réalité on est très loin d'atteindre une précision suffisante et d'obtenir des résultats comparables.

En effet la sensibilité au toucher dépend entre autres de la pression de chacune des pointes de l'esthésiomètre; or, cette pression dépend de la façon d'opérer de l'expérimentateur, et celui-ci n'est jamais absolument certain d'agir exactement de même, alors même qu'il opère avec des esthésiomètres où la pression de chaque pointe est mesurée; alors même que comme von Frey se sert de poils pour produire le contact. Les auteurs ont donc imaginé des appareils dans lesquels toutes les variations dépendant de la façon même d'opérer, étaient réduites au minimum.

Ils mesurent la sensibilité au contact, d'abord par stimulation simple (produite par l'application d'une pointe unique) puis par stimulation double.

Le premier de ces appareils, haphi-esthésiomètre, est composé d'une série d'aiguilles en acier trempé dont les extrémités sont des surfaces de 1/10 de millimètre de diamètre.

Le poids de toutes les aiguilles diffère d'après le diamètre et la longueur.

Les aiguilles dont la tête est en aluminium passent à travers un trou plus large que le diamètre de l'aiguille et percé dans une plaque également en aluminium.

Pour explorer la sensibilité au contact, on dépose, sans vitesse appréciable, la pointe de l'aiguille sur le point de la peau à observer, puis abaissant la plaque d'aluminium qui soutenait la tête de l'aiguille, on laisse celle-ci déposée sur la peau sans aucune autre pression que celle de son propre poids.

Les aiguilles servant à mesurer la sensibilité au toucher sont divisées en trois séries : une première série est composée d'unités différant toutes d'un demi-milligramme; dans la deuxième série elles croissent par centigramme, dans la troisième par décigramme.

Au moyen de ces aiguilles la pression est mesurée dans des conditions toujours pareilles, les stimulations sont produites par le poids mort d'objets de composition bien déterminée absolument semblables en tous points, sauf le poids.

Partant à chaque stimulation du tégument, il se produit une pression de même étendue, la pointe couvrant toujours une partie strictement égale du tégument. La substance même de l'aiguille est de nature bien définie toujours semblable à elle-même. L'application se fait dans les mêmes conditions physiques et mécaniques (température et vitesse) pendant un temps toujours le même, cinq secondes.

L'unique différence existant entre les aiguilles successivement posées sur la peau, consiste dans le poids total, par conséquent dans l'intensité de la pression exercée sur la surface explorée; on arrive à produire cette pression, en commençant par des aiguilles très légères, pour arriver *petit à petit* enfin à celle dont la pression est tout juste perçue.

Les différences si finement graduées entre les aiguilles employées permettent de mesurer avec une précision parfaite le seuil des sensations tactiles.

L'aphi-esthésiomètre à contact double est construit d'après les mêmes principes. Il permet de produire des stimulations toujours identiques à tous les points de vue : pression, grandeur des surfaces couvertes, etc., avec, comme unique différence, l'écartement des axes des deux aiguilles.

Pas de pointes en ivoire (substance mal déterminée au point de vue des actions physiques chaud, froid, etc., qui agissent sur elle), pas de ressorts produisant des pressions plus ou moins fortes, etc., etc.

La détermination de la finesse des nerfs acoustiques a été tentée dans les mêmes conditions de précision objective : les sons ont trois qualités distinctes : intensité, hauteur, timbre, que les oreilles des divers sujets perçoivent plus ou moins bien. Pour mesurer la finesse des nerfs acoustiques à l'intensité des sons, les auteurs ont fait construire l'acousti-esthésiomètre. Partant toujours des mêmes principes fondamentaux, à savoir que les stimulants doivent être toujours semblables à eux-mêmes, ils ont cherché à produire des sons d'intensité différente, en se servant comme stimulation des mouvements strictements comparables de substances toujours identiques.

De l'eau distillée tombe par gouttes égales d'un flacon rempli de telle façon que la pression au-dessus du robinet demeure constante. Ces gouttes qui dans l'appareil imaginé par les auteurs, pèsent chacune exactement 0.10 gramme tombent sur le milieu d'un disque en aluminium dont le diamètre est de 0^m10 et l'épaisseur de 0,1 mm. Ce métal qui ne s'oxyde pas est en outre suffisamment vibrant. Pour empêcher que l'eau ne s'accumule sur le disque et que par là le son produit par la chute des gouttes suivantes ne soit troublé, le disque est maintenu incliné à 20°. On a mesuré le nombre d'oscillations par seconde qui se produit sous l'action de la chute d'une goutte d'eau tombant dans ces conditions déterminées d'une hauteur variant entre 0^m01 et 1 mètre. Ces oscillations sont en moyenne de 40 par seconde.

Le sujet dont les yeux sont bandés est installé de telle sorte que l'une de ses oreilles (celle qu'on analyse) est fixée à 20 centimètres du centre de la plaque vibrante.

On ouvre le robinet, lorsqu'il n'est d'abord distant que de quelques centimètres de la plaque. Dans ces conditions le sujet ne perçoit aucun bruit. On élève petit à petit le robinet jusqu'à ce que la hauteur de chute étant suffisante le bruit devienne perceptible. On remonte et on descend plusieurs fois le réservoir, mis en mouvement par une crémaillère, jusqu'à ce qu'on trouve les limites supérieures et inférieures entre lesquelles est situé le seuil.

Pour apprécier la véracité des réponses du sujet, on intercale entre les stimulations, des expériences négatives: une éponge rapprochée du robinet recueille la goutte avant qu'elle ait pu atteindre la plaque métallique.

Avec les appareils que je viens de décrire et toute une série d'autres construits d'après les mêmes principes fondamentaux, il est possible de concevoir un système d'unités de sensations objectivement comparables.

Pour mesurer chez un sujet A la sensibilité tactile, j'appliquerai des aiguilles de poids différents trop lourdes et trop légères, en entrecoupant ses stimulations d'expériences négatives jusqu'à ce que j'ai déterminé pour ce sujet le seuil de la sensation de pression de telle partie déterminée du tégument.

J'appellerai pour ce sujet *l'aphi* simple la sensation produite par la pression d'une aiguille pesant sur une surface de 1/10 de mm. de diamètre, ayant un poids de 0,0085 grammes par exemple. Chez un autre sujet toutes les conditions étant absolument les mêmes, il faudra une pression de 0,02 grammes. Le rapport entre la sensibilité au contact dépend uniquement du rapport entre les poids mesurés en unités identiques. Sans doute il sera impossible de dire quelle sera en valeur nerveuse proprement dite la grandeur de la sensibilité tactile de A et de B, mais on saura pratiquement à quelle valeur de stimulant il faut recourir pour ébranler un semblable système nerveux. Et c'est déjà beaucoup.

L'acousti-esthésiomètre mesurerait de même en

hauteur de chute d'eau distillée la finesse des différents nerfs acoustiques à l'intensité du son.

Les auteurs ne se sont pas contentés de construire
une série d'appareils pour mesurer plus objectivement
l'intensité des sensations, ils ont tenté de donner des
tests comparables pour mesurer toutes les facultés
intellectuelles, la mémoire, l'attention, l'affectivité,
l'imagination, voire même le caractère et la personnalité. Voyons la façon méthodique de mesurer le
pouvoir d'attention d'un sujet.

Généralement on mesure chez quelqu'un le pouvoir de concentrer l'attention par les temps de réaction. C'est le procédé usité surtout dans les laboratoires
de psychophysiologie et je ne crois pas que ce soit le
meilleur.

Depuis longtemps on a songé à mesurer pratiquement le degré d'attention en comptant le nombre de
fautes involontaires commises dans un travail. Ainsi
on présente à un sujet une page imprimée en le priant
de la lire dans un temps donné, tout en prenant soin
de barrer toutes les lettres d'une certaine sorte, tous les
a, tous les *i* par exemple. On mesure son degré d'attention durant cet exercice en formant une fraction
dont le numérateur est composé du nombre de lettres
barrées, et le dénominateur du nombre de lettres à
barrer. L'écart entre ces deux nombres mesure le
degré de l'attention du sujet.

Or, une foule de causes altèrent ces rapports. Celui
qui a l'habitude de corriger des épreuves omet beaucoup moins de lettres à barrer que ceux qui n'ont pas
cette performance spéciale. Puis la netteté des carac-

tères, les conditions d'éclairage, modifient encore les résultats.

Pour remédier à ces défauts, les auteurs ont imaginé de remplacer les lettres par des signes très simples et qui ont l'avantage d'être également nouveaux pour toutes les personnes qui les examinent.

Chaque tableau est composé de 1600 signes, lesquels sont tous formés essentiellement de même : c'est-à-dire d'un carré et d'une barre de la longueur du carré. Il y a en tout 8 sortes différentes de dessins, d'après la façon dont la barre est ajoutée au carré.

En tout 40 lignes de 40 signes chacune; ou encore deux cents signes de 8 sortes.

Les signes étant pour tous les sujets présentés dans des conditions absolument identiques et n'ayant aucune signification, on mesurera par le nombre des signes notés et le temps de lecture du tableau le degré d'attention du sujet.

Les deux chiffres, exprimant l'un la durée de la lecture, l'autre le nombre relatif des chiffres notés révèlent chacun une qualité spéciale de l'attention, le premier la vivacité, le second l'exactitude.

Si l'on veut mesurer l'exactitude de l'attention de deux sujets à vivacité égale, on fera passer le tableau des 1600 signes à une vitesse uniforme devant une lucarne posée sur une table, et on mesurera dans ce cas par le nombre total des signes notés l'exactitude de l'une et de l'autre de ces deux attentions de vivacité égale.

On pourrait de même en recommençant un nombre suffisant de fois les expériences, noter à quelle vitesse de lecture chez un tel sujet correspond la même exactitude que celle qu'on trouve chez un autre sujet procédant plus lentement ou plus rapidement, en d'autres termes avec quelle différence de vivacité deux sujets obtiennent une exactitude semblable.

J'ai cité l'un des dispositifs déterminés pour mesurer l'attention afin de faire constater le genre d'unités auxquelles les auteurs s'efforcent d'arriver, je dis s'efforcent car, actuellement du moins, je ne vois pas que l'on puisse obtenir, ici du moins, des unités définitives. Le procédé que je viens de décrire n'est pas suffisant pour mesurer l'attention en général. Il peut tout au plus être considéré comme un moyen acceptable de mesurer chez un sujet donné l'attention portée sur les représentations visuelles des formes, attention qui sera par exemple beaucoup plus développée chez un visuel moteur que chez un auditif moteur. Ce dernier pourra par contre beaucoup mieux distinguer dans une succession de 1600 sons, ceux d'espèce particulière qu'on le priera de noter.

Les auteurs de la technique psychologique n'ont d'ailleurs nullement prétendu construire de toutes pièces un ensemble complet d'outils définitifs, capables de mesurer en unités constantes l'acuité, le développement, de tous les éléments psychiques; mais leur travail long et consciencieux en attirant l'attention sur des conditions de précision si particulièrement difficiles à réaliser constitue un progrès marqué. Que ce soit leur système d'unités qui prévale ou tel autre meilleur, l'essentiel est qu'on marche vers une détermination objective plus précise et plus comparable dans l'étude des phénomènes psychiques.

CONCLUSION

Quand on jette un coup d'œil sur l'ensemble des travaux de psychologie expérimentale — ceux que j'ai analysés ici ne sont que des spécimens choisis parmi un grand nombre, — on constate que, comme je le disais au commencement de cette étude, le point de vue des expérimentateurs est tout à fait différent de celui des psychophysiciens et même des psychophysiologistes. Ce point de vue, dis-je, est tellement différent que l'on est tenté de se demander si les psychologues expérimentateurs font encore de la psychologie. De fait, si l'on entend par psychologie ce que le mot signifie étymologiquement, la science de l'esprit, l'étude des rapports entre la matière et l'esprit, les psychophysiciens qui ne songeaient qu'à ce dernier problème et les psychophysiologistes qui étudient avec les méthodes physiologiques les concomitants des phénomènes de l'esprit sont beaucoup plus psychologues que les expérimentateurs de l'école contemporaine.

Ceux-ci, en effet, écartant les problèmes transcendants, étudient les phénomènes sans même s'inquiéter de leur nature intime, sans s'occuper d'un principe immatériel. Qu'a de commun avec l'âme, par exemple le classement des personnalités intellectuelles d'après l'espèce particulière de leur formule endophasique? ou encore la mesure de la fatigue intellectuelle aux différentes heures d'une journée de classe? Quelle conséquence tirera-t-on au point de vue de l'immatérialité ou de la matérialité du principe pensant de l'analyse des procédés mentaux qui caractérisent les grands calculateurs? de l'avantage que procure la mémorisa-tion, sous plusieurs formes sensibles à la fois? et quand on aura noté les qualités essentielles d'un écrivain de renom, mesuré l'acuité de ses organes sensoriels, déter-miné sa formule endophasique, mis en relief la force de son pouvoir d'attention, saura-t-on quelque chose de plus sur le problème de la liberté humaine? Non, la psychologie expérimentale, lassée des vains efforts tentés depuis vingt-cinq siècles, a renoncé aux pro-blèmes transcendants, elle ne veut plus même essayer de mettre les méthodes des sciences exactes au service des solutions métaphysiques, mais elle analyse, classe, pèse, mesure toutes les formes de la force intellectuelle pour arriver à la diriger comme les physiciens dirigent la chaleur et l'électricité.

Au contact des méthodes expérimentales les ques-tions psychiques ont pris un aspect tout nouveau.

Actuellement l'être humain n'apparaît plus comme une entité mystérieusement formée sous l'influence de causes inaccessibles; nous ne croyons plus qu'un homme de génie est tel parce que son principe imma-tériel est supérieur, ni qu'un idiot possède une âme d'une qualité inférieure.

La mentalité de l'artiste se décompose en éléments mesurables. L'homme plus intelligent, plus esthète, plus moral, est le produit de la culture de certains centres particulièrement développés, sous l'action du milieu renforcée par celle de l'hérédité.

Cependant les innombrables travaux de psychologie scientifique, les efforts des psychophysiciens, des psychophysiologistes et même des psychologues expérimentateurs ont-ils produit des résultats, des résultats utilisables pour la pédagogie?

Les conclusions auxquelles la psychologie scientifique est arrivée jusqu'à ce jour sont intéressantes sans doute, mais au point de vue pratique elles sont peu importantes.

Toutefois, on aurait tort de juger un mouvement qui ne fait que commencer. Pour ceux qui regardent du dehors les quelques résultats obtenus la moisson est chétive. Pour ceux, au contraire, qui étant eux-mêmes dans le mouvement voient non pas seulement ce que l'on a fait jusqu'ici mais ce que l'on est en train de faire, et ce que fatalement l'on fera, les résultats obtenus sont considérables.

L'analyse qualitative et quantitative des facultés intellectuelles, permettra au psychologue et au pédagogue de diriger à son gré la culture de ces facultés, chez chacun. Cette analyse est l'objet propre de la psychologie expérimentale. Pour l'atteindre elle est arrivée au point où rien d'essentiel ne lui fait défaut. Elle possède la méthode et la technique générales : son épanouissement n'est plus qu'une question de temps.

J. J. VAN BIERVLIET.

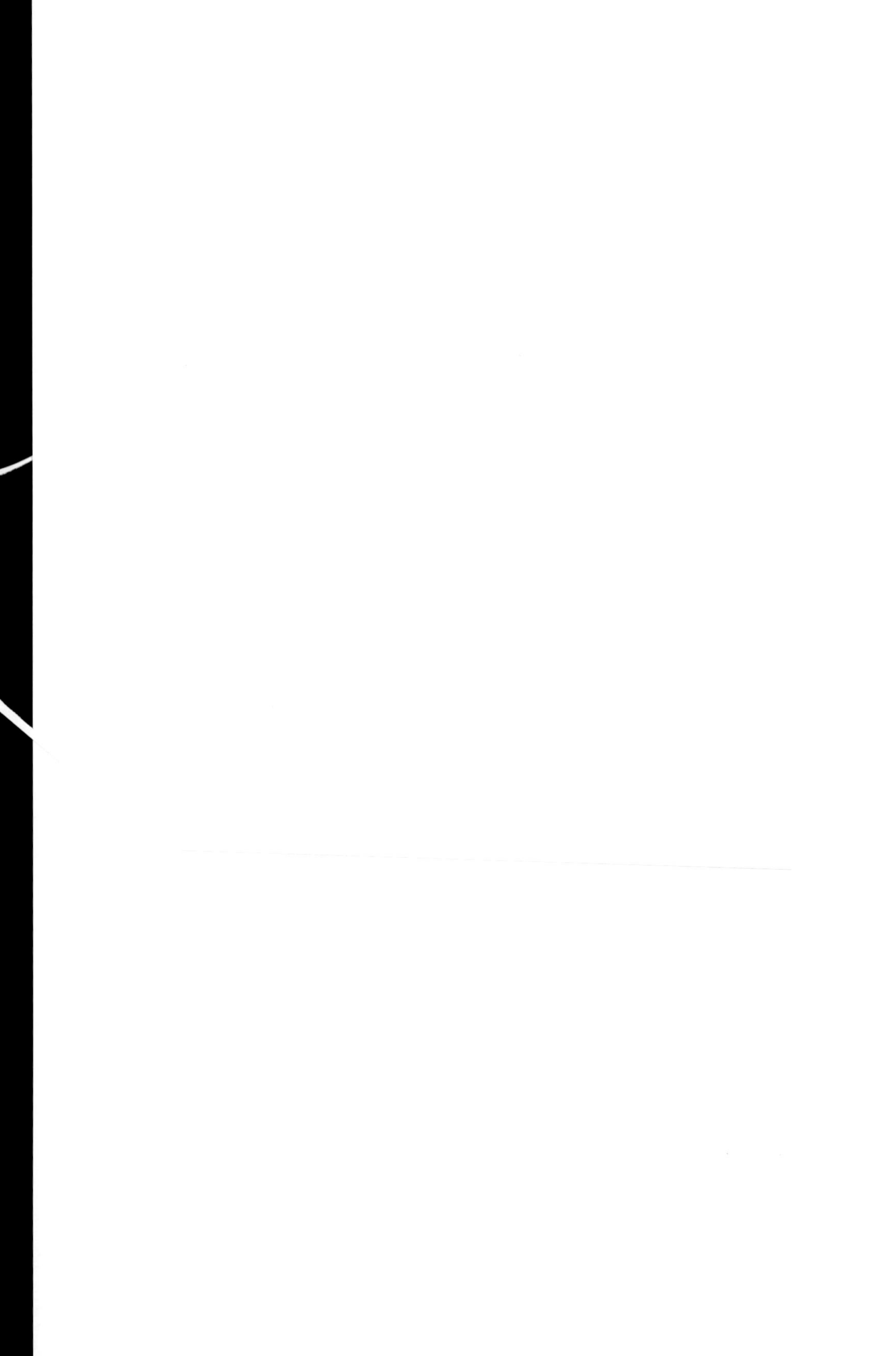